Design de experiências

CIP-BRASIL. CATALOGAÇÃO NA PUBLICAÇÃO
SINDICATO NACIONAL DOS EDITORES DE LIVROS, RJ

R745d

Rossman, J. Robert (James Robert), 1946-
Design de experiências / J. Robert Rossman, Mathew D. Duerden ; tradução Carol Colffield ; prefácio B. Joseph Pine II. - 1. ed. - São Paulo : Summus, 2025.
280 p. ; 21 cm.

Tradução de: Designing experiences
Notas bibliográficas
ISBN 978-65-5549-159-3

1. Marketing de relacionamento. 2. Serviços ao cliente. 3. Experiência. 4. Satisfação do consumidor. I. Duerden, Mathew D. II. Colffield, Carol. III. Pine II, B. Joseph. IV. Título.

25-99086.1 CDD: 658.812
CDU: 658.818.2

Carla Rosa Martins Gonçalves - Bibliotecária - CRB-7/4782

www.summus.com.br

Design de experiências

J. ROBERT ROSSMAN E MATHEW D. DUERDEN

Prefácio de B. JOSEPH PINE II

summus
editorial

Do original em língua inglesa
Designing experiences

Editora executiva: **Soraia Bini Cury**
Tradução: **Carol Colffield**
Preparação: **Samara dos Santos Reis**
Capa: **Nuts**
Projeto gráfico: **Crayon Editorial**
Diagramação: **Natalia Aranda**

Summus Editorial
Departamento editorial
Rua Itapicuru, 613 – 7º andar
05006-000 – São Paulo – SP
Fone: (11) 3872-3322
http://www.summus.com.br
e-mail: summus@summus.com.br

Atendimento ao consumidor
Summus Editorial
Fone: (11) 3865-9890

Vendas por atacado
Fone: (11) 3873-8638
e-mail: vendas@summus.com.br

Impresso no Brasil

SUMÁRIO

PREFÁCIO

B. Joseph Pine II

Conheci Mat Duerden em 2017, no evento thinkAbout, que meu sócio Jim Gilmore e eu organizamos anualmente há mais de vinte anos. Alguns colegas da Universidade Brigham Young haviam participado no ano anterior, e um deles se juntou a Mat naquele que seria nosso último evento em Cleveland. Foi Mat quem nos trouxe a novidade: graças aos esforços de todos, a BYU havia mudado o nome de seu programa de "Departamento de Gerenciamento de Recreação" para "Departamento de Design e Gerenciamento de Experiência"! Foi a primeira universidade dos Estados Unidos a promover o reconhecimento total da importância do design e do gerenciamento de *experiência*.

Este livro, escrito por Mat e seu colega Bob Rossman, é o primeiro que conheço concentrado totalmente em apresentar um conjunto de ideias, princípios e estruturas dessa modalidade de design que, quando aplicado, resulta em vivências intencionalmente concebidas e ambientadas de forma envolvente. Agora, para ser sincero, ainda estou ansioso para conhecer o autor principal, mas, com base no que você lerá aqui, posso afirmar que Bob entende do assunto. Curiosamente, no primeiro capítulo, em que Bob e Mat discutem a aplicação do design de experiências do *usuário*, do *cliente* e de *serviço*, eu já esperava que eles orientassem o leitor a aplicar o design de experiências da *experiência*, pois esse deve ser o foco: as vivências reais que as pessoas têm. Como meu sócio Jim e eu procuramos deixar claro em nosso livro *The experience economy*, as experiências são uma oferta econômica distinta, tão distinta dos serviços quanto os serviços são dos bens. Elas utilizam os bens como adereços e os serviços como palco, para envolver cada indivíduo de forma inerentemente pessoal e, assim, criar uma memória — sua marca registrada.

Ao orientar os designers de experiências a transformarem isso em realidade, Bob e Mat destacam três fatores que considero fundamentais na área: ser intencional, orquestrar os elementos e planejar o tempo.

Os autores introduzem o conceito de intencionalidade logo no início da obra. As pessoas têm muitas vivências não planejadas ao longo da vida, e as empresas, com frequência, oferecem experiências concebidas ao acaso ou mesmo sem qualquer planejamento. No entanto, para ter êxito na economia da experiência atual, é fundamental ser muito intencional naquilo que está encenando, ou seja, saber exatamente o que deseja que seus convidados — os clientes da experiência — vivenciem, a fim de engajá-los e criar essa memória.

Neste livro, os autores aplicam de forma produtiva os conceitos de micro e macroexperiências, em que o design intencional das primeiras — o sequenciamento deliberado de elementos envolventes — soma-se à segunda, abarcando as fases de expectativa (antes), participação (durante) e reflexão (depois). Em *The experience economy*, discutimos essa intencionalidade em seu nível mais alto por meio do conceito de um tema — o princípio organizador que permite que você, como designer, determine o que deve ou não fazer parte da experiência, encenando-a de maneira coesa, de tal forma que todas as vivências micro se conectam para formar, definir e encadear a macro. (Um aparte: vale destacar que um livro que considera os proprietários da Buc-ee's — rede texana de postos de combustíveis e lojas de conveniência — mestres da intencionalidade, especialmente no que se refere às experiências nos banheiros de seus estabelecimentos, merece ser apreciado! Mas é preciso estar no Texas para entender isso.)

É possível perceber esse foco na intencionalidade na definição do conceito apresentada por Mat e Bob: "O processo de orquestrar *intencionalmente* os elementos da experiência para oferecer aos participantes oportunidades de cocriar e manter interações que conduzam aos resultados desejados tanto pelos participantes quanto pelo designer". E é justamente aí que surge o segundo fator-chave mencionado anteriormente: a orquestração. Embora Jim Gilmore e eu costumemos usar o termo *encenar*, sempre entendemos que *orquestrar* e inclusive *coreografar* também se aplicam, pois cada um desses termos descreve como essa intencionalidade se reflete no design de todos os aspectos — do ambiente às sugestões positivas dispostas nesse espaço (bem como a ausência de sugestões negativas, muitas vezes de forma evidente), passando por tudo o que os funcionários fazem para garantir que cada convidado esteja totalmente engajado, criando essa memória. Tudo isso é o que Bob e Mat, de forma conjunta e prática, chamam de *experiencescape*, ou paisagem da experiência.

O terceiro fator é algo que só compreendi plenamente alguns anos após a publicação de nosso livro, em 1999: design de experiências é, em essência, design de tempo. Cada microexperiência ocorre dentro de um tempo específico; orquestrar a duração e a sequência das micro permite que elas se acumulem ao longo do tempo, conduzindo os convidados por meio de uma linha temporal que, por fim, resulta na macro; ao fazer tudo isso intencionalmente, você cria o drama que deseja criar — e ser — no mundo.

De fato, adoro constatar que, no capítulo 8, os autores discutem a estrutura dramática e apresentam o diagrama de Freytag, algo que também acrescentamos à edição atualizada de *The experience economy*, em 2011. O diagrama de Freytag — criado no século XIX pelo alemão Gustav Freytag, teórico do desempenho— é algo que até hoje é ensinado a alunos de teatro para que compreendam e adotem o drama. Essa estrutura orienta a planejar o tempo, permitindo montar uma sequência de eventos que se acumulam, ganham intensidade, atingem o clímax e, em seguida, se dissipam ao terminar. Sem o drama, a sequência perde o impacto, pois praticamente não há nada acontecendo. Ah, mas com o drama, uma vivência intencionalmente planejada envolve totalmente cada convidado, deixando nele o resíduo da memória. Drama é o design do tempo bem-feito.

A propósito, foi por isso que também passei a desprezar o termo *experiência do cliente*, pois, da forma como é comumente empregado, resume-se a tornar as interações com os clientes agradáveis, fáceis e convenientes. As experiências verdadeiramente diferenciadas, entretanto, devem ser memoráveis, pessoais e reveladas ao longo do tempo — em outras palavras, devem ter drama.

Ser conveniente é a antítese de oferecer uma experiência como produto econômico distinto, pois significa passar *menos* tempo com os clientes em vez de fazer que eles valorizem o tempo que passam com você e queiram prolongá-lo. Agradável, fácil e conveniente são características de *serviço*. Elas são ótimas quando o que se deseja é prestar um serviço que proporcione aos clientes um tempo bem empregado. Contudo, planejar vivências consiste em oferecer um tempo bem aproveitado — e, para isso, terá de, intencionalmente, orquestrar microexperiências ao longo de todo o tempo que os clientes passam com você — elaborar o design do drama do tempo — para produzir a macroexperiência de um envolvimento autêntico.

Para fazer isso da melhor forma, recomendo que você siga as orientações de Bob e Mat em *Design de experiências*. Você colherá os frutos nas vivências que oferecer, nos negócios e na vida.

B. Joseph Pine II
Cofundador da Strategic Horizons LLP
Autor de *The experience economy*, *Authenticity*, *Mass customization*, e *Infinite possibility: creating customer value on the digital frontier*

APRESENTAÇÃO À EDIÇÃO BRASILEIRA

Um resgate necessário

"Atenção" é o envolvimento cognitivo e emocional que temos diante de uma situação, um acontecimento ou um objeto; trata-se, em suma, da ligação dos nossos sentidos com um momento. Assim, exceto quando está meditando ou dormindo (e há controvérsias sobre o segundo caso), você está com a atenção voltada para alguma coisa.

Neste sentido, a atenção humana é um fluxo contínuo, ininterrupto, que se entrelaça intimamente com o tempo, com a própria vida. O tempo está passando, a vida está acontecendo e nossas memórias, histórias, identidades, visões de mundo e noções de realidade estão sendo construídas a cada instante. E tudo isso depende de onde está a nossa atenção, em que ela se fixa, que elementos sensíveis ganham relevo a ponto de conquistarem (capturarem?) nossa atenção.

A tese da "economia da atenção", termo cunhado em 1971 pelo economista, psicólogo e cientista político estadunidense Herbert Alexander Simon, ajudou a normalizar o fato de que a atenção passou a ser uma mercadoria. Quem nunca ouviu variações da ideia de que, atualmente, diante da — real — sobrecarga de informação e de estímulos da vida contemporânea, a atenção é o "recurso", "bem" ou "ativo" mais escasso?

Desde então, nesses mais de 50 anos, testemunhamos a globalização econômica, a popularização da internet, o advento das redes sociais, uma pandemia e, agora, o crescimento das inteligências artificiais, todos fenômenos tectônicos que transformaram radical e definitivamente a paisagem global — inclusive o equilíbrio geopolítico, os mercados, o mundo do trabalho, as relações interpessoais em todos os âmbitos, as subjetividades e a própria racionalidade contemporânea. Enfim, vivemos em outro mundo.

Porém, de lá para cá, esse processo apenas se aprofundou e ganhou velocidade, ou seja, não só a economia da atenção sobreviveu incólume a esse mais de meio século de transformações disruptivas como está mais atual do que nunca, tanto que continua sendo *buzzword*. A atenção está na moda. E, com ela, a experiência, que é justamente o resultado da consciência que temos (ou não) dessa atenção.

"Experiência" também é uma *buzzword* há bastante tempo. Mas, diferentemente da sua antecessora "atenção", ela se feriu bem mais no tiroteio da História. Palavrinha surrada, tem atravessado uma jornada e tanto, usada do jeito errado e abusada com sentidos errôneos em situações erradas. Enfim, termo e conceito acabaram se desencontrando.

O termo surgiu como tendência, em 1999, com a publicação do clássico *The experience economy*, de Joe Pine e James Gilmore, dois anos depois do lançamento da seminal campanha *Priceless*, da Mastercard, ícone maior da economia da experiência. Virou moda, ficou nos *trending topics* da publicidade e do marketing durante toda a década de 2000 com o "marketing de experiência" até virar meme e, mais tarde, chegar ao fundo do poço como esquete do Porta dos Fundos: "Antes era um *hot dog*, agora é uma experiência".

Claro que essa derrocada do conceito não foi à toa. A tese original de *The experience economy* realmente defende que a complexidade crescente dos mercados e das relações de consumo impuseram o acréscimo de uma nova camada — experiencial — aos produtos e serviços, a fim de agregar valor às ofertas das marcas, o que, consequentemente, aumenta o *ticket* e a rentabilidade. Afinal de contas, a ideia é exatamente que experiências não têm preço.

O que aconteceu, no entanto, foi que a relação original de causalidade da tese acabou sendo invertida: muitas marcas, em vez de acrescentarem uma camada robusta de experiência às suas propostas — que contasse com um olhar apurado, um *frame* bem definido, uma intencionalidade coerente, um claro valor percebido, enfim, empatia, autenticidade e um design de experiência completo e bem-feito —, simplesmente aumentaram os preços de suas ofertas e tentaram compensar com um *storytelling* cativante. O truque deu certo algumas vezes — por pouco tempo — e deu errado tantas outras, mas essa insistência colaborou para jogar o nome da experiência na sarjeta.

Definitivamente, não é aí que ela merece estar!

Desde que nos entendemos por gente, o que nos define não são os produtos ou serviços que consumimos, mas as experiências que vivemos: dos rituais ancestrais à interação cotidiana com tecnologias modernas, cada vivência deixa um traço na nossa memória, nos molda como indivíduos e forja a maneira como interpretamos o mundo e agimos nele.

Por essas e outras, era necessário um resgate amplo, completo e definitivo que fizesse a experiência voltar a ocupar um espaço na prateleira de cima das percepções do mercado, das marcas e dos diversos *stakeholders*, que, afinal, têm sua atenção "capturada" e sua vida impactada — e construída — por experiências o tempo todo.

E é exatamente aí que reside a importância deste livro: Bob e Mat resgataram o conceito do design de experiências, colocando-o acima de qualquer suspeita.

Nesta obra fundamental, eles recolocam alguns conceitos básicos nos seus devidos trilhos e propõem uma definição própria de experiência, insistindo que, se queremos tratar de um tema, é essencial conhecê-lo em toda a sua complexidade.

Mais importante, os autores detalham um processo de design de experiências estruturado, completo e amplamente contextualizado no mercado e nas tendências de consumo atuais. Eles mostram com clareza — e muita generosidade — como tornar possível o desenho de experiências com técnica, intencionalidade, propósito e estratégia, apresentando métodos, *frameworks* e ferramentas que nos permitem aplicar os conceitos com segurança.

Este livro consolida uma teoria do design de experiências. Não é pouca coisa.

Para compor o corpo de conhecimento dessa área fundamentalmente multidisciplinar, eles bebem em fontes como design gráfico e de produto, *branding*, arquitetura, psicologia, UX design, turismo, design *thinking*, neurociências, artes plásticas, tecnologia e planejamento estratégico, entre tantas outras. Tudo isso torna a obra imperdível para quem quer se aventurar pelas quebradas do design de experiências.

No Brasil, o mercado de experiência de marca segue pujante, tendo movimentado cerca de R$ 110 bilhões apenas no ano passado, segundo dados do Anuário Brasileiro de Live Marketing 2024-2025. Além disso, a perspectiva é de crescimento, seguindo as tendências de experiências imersivas, festivalização dos eventos, experiências sensoriais, o avanço das tecnologias — inclusive as IAs — e as mudanças radicais nos hábitos de consumo: as pessoas estão cada vez mais saturadas do excesso de informações e estímulos, menos fiéis a marcas e mais atentas a propósito, sustentabilidade e valor efetivo das ofertas.

Nesse cenário tão desafiador, entendemos que é necessário elevar ainda mais o nível da discussão sobre design de experiências no Brasil, tratando não apenas de afastar as marcas e agências cada vez mais da vulgarização da "experiência" de décadas passadas, como também — e sobretudo — de introduzir e provocar uma reflexão mais ampla e completa sobre essa disciplina.

Queremos acrescentar a uma prática de mercado já sofisticada uma teoria ao mesmo tempo sólida e acessível que possa iluminar e retroalimentar essa prática para melhorá-la, além de conectar a comunidade brasileira do design de experiências em torno de uma referência que dê conta da complexidade da sociedade e do consumidor atual.

Por tudo isso, a primeira edição brasileira desta obra é um legítimo divisor de águas na busca da acepção original do conceito de "experiência", aquela que brinda consumidores, usuários, convidados ou simplesmente participantes com momentos verdadeiramente notáveis, memoráveis, significativos e, quiçá, transformadores.

O design de experiências intencional, estruturado e com um olhar atento reinventa a disputa pela atenção das pessoas, convertendo o "sequestro" de atenção cometido com recursos duvidosos em uma prática consciente, volitiva, consensual, leal e com impactos extraordinários para todos os envolvidos.

Vamos nos preparar para aplicar o design de experiências com o máximo do seu potencial para desenhar o tempo com delicadeza, sofisticação e maestria, fazendo que cada momento valha a pena. Até porque — não custa lembrar — o tempo não é reembolsável.

Leandro Duarte e Rodrigo Martins
Sócios-fundadores da Nuts
junho de 2025

INTRODUÇÃO

Obrigado por se juntar a nós!

Nos últimos vinte anos, muito se tem escrito sobre a importância das experiências para indivíduos e organizações. Pense em como e por que elas são importantes para você pessoalmente. Talvez procure preencher sua vida com vivências positivas. Também é provável que procure empresas que, além de lhe oferecerem bens e serviços, proporcionem grandes experiências. Quando morava no Texas, Mat dirigia alguns quilômetros a mais para fazer compras em seu supermercado favorito, o H-E-B, mesmo havendo outros estabelecimentos mais próximos de sua casa. Ele fazia isso de bom grado em virtude da superioridade da experiência proporcionada pelo H-E-B.

Em uma economia cada vez mais pautada pela qualidade das experiências oferecidas, as organizações que criam ambientes excepcionais para clientes e funcionários prosperam e as que não o fazem se tornam obsoletas. Boas experiências atraem e retêm clientes e funcionários fiéis, enquanto as ruins os afastam ou não alcançam a fidelização.

Uma verdade comercial amplamente adotada pode, de fato, ser vista no uso constante da palavra "experiência" por uma grande variedade de empresas, do slogan da Adobe "Faça da experiência o seu negócio" à promoção da Delta Airlines "a experiência Delta", todos falam sobre experiência. O que achamos surpreendente é que, embora a palavra esteja sendo bastante usada, há pouquíssima orientação disponível sobre como criar vivências de modo sistemático.

Consideramos necessário um livro que estabeleça claramente um processo para planejar experiências do início ao fim. Não basta reconhecer a lucratividade dessas iniciativas ou suas valiosas contribuições para os indivíduos e a sociedade; para atuar nesse campo, é essencial saber planejá-las. O livro que você tem em mãos, *Design de experiências*, representa nosso esforço para preencher essa lacuna.

POR QUE NOS INTERESSAMOS POR EXPERIÊNCIAS

Juntos, nós, os autores, acumulamos mais de 40 anos de atuação na concepção e oferta de vivências educacionais e de lazer. Ambos temos doutorado em estudos de lazer e trabalhamos como líderes diretos, supervisores e gerentes de organizações cujo objetivo era proporcionar momentos significativos nessa área. O lazer é o padrão-ouro do design de experiências porque esse tipo de atividade é escolhido livremente e tem motivação intrínseca. Ao projetar excelentes experiências de lazer, você logo descobre que está em uma *joint venture* com seus participantes. Se as opções desenvolvidas não se encaixarem na percepção dos participantes sobre o que o lazer significa para eles, procurarão rapidamente outro lugar. Temos plena convicção de que as lições que aprendemos nesse campo e as ferramentas que desenvolvemos para projetá-las têm relevância para todos os contextos de design de experiências. Temos grande satisfação em fazer parte desse setor emergente e em ver o trabalho que apreciamos por tantos anos ser aplicado de forma mais ampla.

Bob concluiu a graduação em Gestão em Turismo e Lazer na Universidade de Indiana. Em seu primeiro emprego, no Village of Oak Park, em Illinois, ele era responsável pela operação de eventos especiais. Os planos que ele recebeu eram, basicamente, listas de verificação dos suprimentos necessários e informações sobre a programação. Não havia nada sobre o que deveria acontecer com os indivíduos em consequência da participação nesses eventos. Ele começou a pensar sobre quais seriam as experiências únicas que ele esperaria se estivesse participando de um deles e o que seria necessário para garantir que elas ocorressem. Em seguida, desafiou sua equipe a fazer o mesmo. Eles passaram a gostar de pensar dessa forma, e isso se tornou um procedimento operacional padrão. Aprenderam primeiro a identificar o que pretendiam e, mais tarde, a planejar os encontros, as interações e a encenação necessários para produzir essas experiências. Desde seu primeiro cargo no Oak Park, Bob tem dedicado sua carreira a desenvolver e refinar técnicas para realizar essa proposta básica.

Mat começou a pensar no assunto ao descer os rios Main Salmon e Middle Fork of the Salmon, situados na região central de Idaho. Durante o ensino médio e a faculdade, trabalhava como guia em passeios de cinco a sete dias por corredeiras para a empresa de *rafting* de seu pai. Com frequência, notava mudanças significativas no comportamento e nas relações dos participantes durante a viagem. O estresse se dissipava, as pessoas riam e conversavam mais umas com as outras, e alguns que começavam a viagem como estranhos logo desenvolviam importantes relações de amizade. Ao observar essas e outras mudanças positivas, Mat começou a se perguntar por que a viagem de vários dias pelo rio as estimulava. Seria o magnífico cenário natural, a natureza fisicamente desafiadora das atividades ou a desconexão da sociedade e da tecnologia? Essa reflexão sobre as experiências no rio acabou o conduzindo por um caminho de pesquisa, ensino e prática focado nessa questão e em seu design.

Não existe uma obra amplamente aceita que defina os conceitos fundamentais do design de experiência, fundamente esses conceitos na bibliografia das ciências sociais e forneça ferramentas pragmáticas e úteis para tal fim. Ao escrever este livro, fizemos o possível para integrar algumas de nossas ferramentas favoritas às percepções e abordagens colhidas de alguns dos principais pensadores contemporâneos e históricos do conceito de experiência, como Joe Pine, Jim Gilmore, Martin Seligman, Tom e David Kelly, Chip e Dan Heath, Mihaly Csikszentmihalyi, Daniel Kahneman e Walt Disney. As técnicas apresentadas nestas páginas são sólidas e não apenas lhe possibilitarão criar novas experiências como também desconstruir, analisar e replanejar as existentes.

Compreender os fenômenos sociais e psicológicos que impulsionam as experiências o ajudará a melhor concebê-las. Não se preocupe, não nos aprofundamos muito na teoria, apenas o bastante para mantê-lo no caminho certo para que planeje aquelas que as pessoas considerarão envolventes. A maior parte do livro trata de técnicas específicas que usamos e ensinamos aos alunos há mais de 25 anos. Também integramos o design *thinking* como uma excelente abordagem para inserir a inovação no processo geral do planejamento de vivências. Temos convicção de que você considerará esses tópicos muito práticos na execução do seu trabalho.

Queremos agradecer a diversas pessoas que nos ajudaram, de várias maneiras, a dar vida a esta obra. Em primeiro lugar, agradecemos às nossas famílias e, especialmente, às nossas esposas, Linda Rossman e Chenae Duerden, respectivamente, pelo apoio que nos deram tanto na escrita deste livro quanto ao longo de nossa carreira. Tivemos excelentes alunos de graduação, como Sydney Burgess, Catherine Gardiner e Madie Smith, que comentaram as primeiras versões da obra. Vários de nossos colegas acadêmicos, como o dr. Gary Ellis, da Universidade Texas A&M,

a dra. Barbara Schlatter, da Universidade Estadual de Illinois, e o corpo docente do Departamento de Design e Gestão de Experiências da Universidade Brigham Young, influenciaram nossa maneira de pensar sobre o tema e contribuíram com valiosos *insights* durante a elaboração deste livro. Temos certeza de que eles encontrarão aqui algumas das ideias que trocaram conosco durante as discussões. A obra está melhor graças à generosa participação deles.

Queremos agradecer a B. Joseph Pine II por seus esforços pioneiros para chamar a atenção para a economia da experiência e por ter gentilmente aceitado escrever o prefácio. Também somos gratos a Myles Thompson, editor da Columbia Business School Publishing, que acreditou em nós e em nosso projeto desde o início. Ele e Brian Smith nos ajudaram muito a aprimorá-lo e concluí-lo. Por fim, nossa gratidão a você, que reservou um tempo para ler estas linhas. Desejamos boa sorte em seus empreendimentos de design de experiência.

J. Robert Rossman (Bob)
Mathew D. Duerden (Mat)

PARTE UM

Entendendo a experiência

ATUALMENTE, TODOS QUEREM FAZER parte da economia da experiência. Acrescenta-se o termo como adjetivo a quase tudo (por exemplo, experiências gastronômicas, de *check-in*, de *onboarding* de funcionários). No entanto, o simples fato de acrescentar o termo não transforma algo em uma oferta automaticamente valiosa. Nesta seção, examinaremos os conceitos centrais desse campo e desenvolveremos definições fundamentadas, porém pragmáticas — ferramentas que profissionais da área poderão empregar para orientar seu trabalho. Nossa análise da psicologia da experiência o ajudará a entender a natureza comportamental desse fenômeno e o que torna marcantes certas vivências. Por fim, apresentamos um esquema que as classifica do prosaico ao transformador, preparando-o para um design de experiências abrangente e intencional. Esta seção aprofundará sua compreensão desse universo e fornecerá a base necessária para criar experiências imersivas e envolventes.

CAPÍTULO 1

Explorando a experiência e o design de experiências

O QUE AS SEGUINTES empresas têm em comum?

- USAA
- Costco
- Ritz Carlton
- JetBlue
- H-E-B
- Amazon
- Apple
- Netflix

Trata-se de um grupo diversificado de organizações. Algumas vendem produtos, enquanto outras prestam serviços. A razão pela qual elas estão na lista é que cada uma ostenta o título de líder em diversos setores do Net Promoter Score® (NPS) de 2018.[1] O NPS é uma ferramenta de medição desenvolvida por Fred Reichheld, da Bain & Company, para avaliar o grau de fidelidade à marca do cliente.[2] A pontuação é calculada pedindo aos clientes que respondam, em uma escala de 0 a 10, à pergunta: "Qual é a probabilidade de você recomendar a [empresa] a um amigo ou colega?" Se os clientes responderem com um 9 ou 10, eles são promotores; se a resposta estiver entre 0 e 6, são detratores. Em seguida, deduz-se a porcentagem do total de detratores do total de promotores para calcular a pontuação. Em geral, embora as referências variem entre os setores, um NPS excelente está acima de 50.[3]

Veja a lista anterior de empresas com as respectivas pontuações de NPS:

- USAA: 79
- Costco: 79
- Ritz Carlton: 75
- JetBlue: 74
- H-E-B: 72
- Amazon: 68
- Apple: 63
- Netflix: 62

Essas organizações convertem continuamente os clientes em embaixadores fiéis da marca. Como elas fazem isso? Acreditamos que o principal fator por trás do sucesso de seu NPS é a experiência que proporcionam. Seja vendendo entretenimento, no caso da Netflix, ou bens de consumo, no caso do Costco, essas empresas descobriram como projetá-las e oferecê-las de forma consistente, garantindo um impacto positivo nos clientes — um fator essencial em todos os setores.

As empresas que proporcionam grandes experiências aos clientes e funcionários são bem-sucedidas; as que não, fracassam. Elas também são importantes em nossa vida pessoal, moldando nossa identidade e influenciando as relações com amigos e familiares. Este livro visa a ajudá-lo a entender seu funcionamento interno e como criá-las. As excelentes, no entanto, não acontecem por acaso: exigem intencionalidade e planejamento. Aqui, apresentaremos os *insights* e as ferramentas de que você precisa para se tornar um excelente designer de experiências.

Entretanto, mesmo que não se dê conta, você já é um ao estar constantemente envolvido na elaboração de experiências para seus clientes, colegas, amigos e familiares. A questão relevante é: está agindo conscientemente? O design consciente e com propósito é a chave para o sucesso pessoal e profissional. Embora algumas pessoas, como Walt Disney, e organizações, como o Ritz Carlton, pareçam ter a capacidade inata de proporcionar vivências incríveis, na verdade, eles as criam com base em um design meticuloso e intencional. Embora não possamos garantir que a leitura deste livro o transformará no próximo Walt Disney, acreditamos firmemente que todos podem se tornar designers de experiências competentes.

AS EXPERIÊNCIAS IMPORTAM

Se você está lendo este livro, provavelmente já concorda com a ideia de que as experiências importam. Mesmo assim, queremos analisar alguns dos principais motivos pelos quais achamos que todos deveriam prestar mais atenção a esses elementos, os quais impulsionam nossa economia moderna. B. Joseph Pine II e James H. Gilmore vêm divulgando a mensagem da economia da experiência desde meados da década de 1990.[4] Nos últimos 150 anos, passamos de uma economia agrária baseada em *commodities* como milho e carvão para uma economia industrial baseada na fabricação de produtos, seguida de uma economia de serviços que consiste em prestar diversos tipos de atendimento e, por fim, para a nossa atual economia da experiência, em que a atividade econômica central é o design de experiências. É uma economia em que os consumidores tomam decisões de compra com base não apenas nas características dos produtos, mas também nas vivências que eles proporcionam.

As empresas listadas no início deste capítulo transformam clientes em promotores, em grande parte devido à qualidade das vivências que proporcionam. O exemplo clássico de Pine e Gilmore para essa progressão econômica é o aumento gradual do preço, que vai dos grãos de café não processados (*commodity*), passa pelo café moído (produto), pelo café genérico servido em copo (serviço) e, por fim, chega ao café *premium* da Starbucks (experiência).[5] Em suma, as pessoas estão dispostas a pagar mais pelo mesmo produto básico se ele estiver incluído em uma vivência desejável.

Essa evolução econômica consiste em transformar a simples entrega de um serviço em uma experiência envolvente e memorável. Uma controvérsia que persiste é se se trata de algo diferente do serviço ou se é simplesmente um tipo diferente de serviço. Acreditamos que seja diferente. O serviço é uma categoria exclusiva de atividade econômica. Em alguns casos, o serviço que está sendo adquirido é o acesso a um equipamento especial ou a capacidade de usá-lo — por exemplo, afiar patins de gelo. É possível adquirir um afiador manual e fazer isso por conta própria, mas um bom afiamento requer uma máquina especial e habilidade para usá-la. Outros serviços incluem a contratação de alguém para realizar uma tarefa desagradável, como lavar janelas. Isso pode ser feito pelo proprietário da casa, pois não requer nenhuma habilidade especial. Contudo, as pessoas contratam outras para fazer o serviço porque não têm tempo ou não gostam de fazer o trabalho.

A experiência é algo diferente, pois exige que o cliente esteja conscientemente engajado e que o engajamento seja mantido por meio de ações volitivas do participante. Considere os termos usados para descrever os destinatários de cada uma delas. As organizações de serviços pensam em seus clientes como hóspedes, clientes, pacientes etc., o que implica que algo precisa ser feito por eles. As organizações que produzem experiências pensam em seus clientes como participantes. De acordo com a observação do autor especializado em tecnologia Clay Shirky, "os participantes são diferentes. Participar é agir como se sua presença fosse importante, como se, ao ver ou ouvir algo, sua resposta fizesse parte do evento".[6] A experiência exige atenção, empenho e ação conscientes — em uma palavra, participação. As que preparamos para que você crie serão imersivas e envolventes, exigindo atenção e ação do participante.

Superdimensionar o serviço não o transforma em uma experiência. Por exemplo, os hotéis agora falam em não apenas servir, mas também em mimar seus visitantes. Essa abordagem continua sendo um serviço; o prestador de serviços está fazendo algo para o cliente, porém de forma ainda mais profunda. Embora um serviço superdimensionado possa ser intenso, seus efeitos em geral são efêmeros e é preciso recomprá-lo. O serviço é mantido pelo provedor e não pelo participante; mesmo assim, a prestação de serviços precisa ser de alta qualidade. Discutimos os atributos dos serviços de alta qualidade, algo que definimos como fatores técnicos (consulte o capítulo 9). Quase todos os casos discutidos neste livro contêm componentes de serviço que precisam ser bem prestados para aprimorar o processo, mas eles não são experiências.

Consideremos agora a importância daquelas que são envolventes em um nível mais pessoal. Veja o seguinte exercício de reflexão que nosso bom amigo e colega dr. Gary Ellis, um dos principais acadêmicos de design de experiências da Universidade Texas A & M, compartilhou conosco.[7]

1. Pense em algumas de suas lembranças mais queridas. Invariavelmente, muitas delas têm que ver com vivências específicas que você teve.

2. Agora, determine um valor que faria você abrir mão dessas memórias.

A que número você chegou — US$ 50, US$ 500, US$ 5.000 ou US$ 50.000? Será que definiu um preço mais alto? Em muitos casos, quando se faz essa pergunta às pessoas, elas se recusam a indicar um valor porque nunca imaginariam se desfazer de lembranças importantes. Prezamos nossas lembranças mais caras, e elas vêm de nossas experiências. Pesquisas conduzidas por Paul Ratner, Elizabeth Dunn e Michael Norton mostram que gastar dinheiro nelas tem um efeito maior e mais duradouro sobre os níveis de felicidade do que investir em bens materiais.[8]

Podemos sentir uma adrenalina momentânea, como um pico de glicose, ao comprar um produto, mas a novidade e a importância desse item invariavelmente desaparecerão com o tempo. Por outro lado, investir nelas leva a um retorno maior porque as lembranças de experiências positivas amadurecem e se tornam ainda mais importantes quando são lembradas e analisadas ao longo do tempo.

Por mais importante que seja criar e proporcionar boas experiências, talvez seja ainda mais importante, sobretudo em nosso mundo digitalmente conectado, evitar as negativas para os clientes. Em outras palavras, devemos evitar algo que se torne memorável por ter sido ruim! No mundo anterior às redes sociais, sempre que as empresas proporcionavam situações negativas, os únicos que ouviam falar delas eram os amigos íntimos e conhecidos do destinatário. Hoje, as experiências ruins são transmitidas para o mundo todo por meio das redes sociais.[9]

Considere o caso de Dave Carroll, cuja guitarra foi danificada em um voo da United Airlines. Depois que a companhia aérea se recusou a pagar pelos danos, ele e sua banda fizeram um videoclipe sobre o ocorrido que obteve mais de 16 milhões de visualizações no YouTube. As consequências dessa única experiência supostamente custaram milhões à United Airlines.[10] Ao ler isto, talvez você esteja pensando em exemplos da mais recente vivência negativa de cliente ou funcionário que se tornou viral. Agora as empresas não podem mais esperar que uma eventual situação negativa vivenciada por um cliente simplesmente desapareça; as boas experiências precisam ser proporcionadas de forma consistente para criar e manter a fidelidade, devendo as ruins serem rapidamente corrigidas.

As empresas também estão começando a perceber que as experiências que oferecem aos funcionários são tão importantes quanto as que oferecem aos clientes. No relatório "Rewriting the rules for the digital age. 2017 global human capital trends", publicado na plataforma *Deloitte Insights*, Josh Bersin e seus colegas observam que aprimorar a experiência do funcionário é a quarta tendência mais importante para reformular as regras de emprego para a era digital: "Hoje, as empresas estão analisando a jornada dos funcionários, estudando as necessidades de sua força de trabalho e utilizando pontuações de promotores líquidas (NPS) para entender a experiência do colaborador".[11] Também afirmam que as boas vivências dos funcionários se traduzem em vivências positivas para os clientes. O salário e os benefícios padrão não são mais suficientes para atrair os melhores candidatos em setores competitivos. Assim como os clientes em potencial, os colaboradores também estão buscando grandes experiências.

O resultado final é que elas importam. Em nível organizacional, experiências bem projetadas podem ajudar as empresas a fidelizar clientes, atrair e reter funcionários e superar a concorrência. Elas são tão importantes que seus resultados agora são considerados estratégicos para as empresas. Embora este livro enfoque o desenvolvimento da capacidade de projetá-las e oferecê-las no nível de interação individual, apresentamos alguns exemplos de sua inclusão no planejamento estratégico corporativo (consulte o capítulo 10). No âmbito pessoal, as grandes experiências são o que torna a vida agradável e significativa. Embora algumas aconteçam de maneira espontânea, a oferta consistente de experiências de alta qualidade requer um design intencional e bem fundamentado. Proporcionar vivências excepcionais, por outro lado, é um trabalho pessoalmente gratificante; um esforço do qual acreditamos que você gostará tanto quanto nós.

O QUE SÃO EXPERIÊNCIAS?

Como muita gente está falando sobre experiências neste momento, é de esperar que todos estejam em sintonia com o que elas de fato são. Para ilustrar esse ponto, faça a seguinte pergunta a algumas pessoas: "O que é uma experiência?" É bem provável que cada uma delas lhe dê uma resposta diferente. Embora elas sejam comuns, também são complexas, o que torna sua definição um pouco complicada. Muitas vezes, as pessoas dão exemplos de vivências tidas em vez de definir o fenômeno real das experiências. Exemplos não são definições. A falta de uma definição aceita é um tanto preocupante para nós, pois é difícil fazer o design de algo que não se pode definir.

Em certos casos, as tentativas de defini-las enfatizam a descrição do contexto (por exemplo, cliente, lazer, educacional) em que elas ocorrem. Embora seja verdade que aquelas baseadas em contexto tenham certas características exclusivas, a categorização não é suficiente para fornecer uma definição generalizável de experiência. Certos idiomas também dificultam sua definição. Enquanto alguns, como o alemão, têm vários termos para se referir a ela, o inglês atribui vários significados à mesma palavra.[12]

Por exemplo, *experience* pode significar "conhecimento ou habilidade adquirida por exposição cumulativa" — como em *I have twenty years' experience in my field* [Tenho vinte anos de experiência em minha área] — ou "acontecimentos passados que representam uma comunidade compartilhada" — como em *the American experience* [a experiência americana].

Neste livro, estamos interessados no conceito como algo que é realizado pela pessoa, é feito para influenciar resultados ou faz que ela se sinta de determinada maneira. Por exemplo: "Tive uma ótima experiência jogando tênis". Essa forma mais ativa implica a percepção consciente e o envolvimento com o que está acontecendo à sua volta. É interessante notar que a palavra tem origem no latim *experiri*, que significa "experimentar" ou "tentar"; ela denota envolvimento ativo.

DEFININDO EXPERIÊNCIA

Agora que já discutimos algumas características básicas da experiência, passaremos ao desenvolvimento de uma definição prática do conceito. Em sua forma mais simples, a experiência é a consciência da interação contínua. As discutidas neste livro exigem uma interação recíproca entre os indivíduos e seus ambientes.

Essa interação deve ser garantida pelo envolvimento deliberado daqueles que participam da experiência. Elas são imersivas, engajadas, e não passivas, como as que resultam de serviços. Para que ocorram, é preciso estar ciente de que algo está acontecendo em seu entorno e que você está contribuindo para seus resultados. Nosso principal interesse concentra-se em experiências mais complexas, daquelas que transformam clientes em embaixadores e funcionários em defensores. Para criar uma definição viável, é necessário discutir brevemente alguns componentes extras das experiências (veja a figura 1.1).[13]

Primeiro, elas têm várias etapas: a fase de expectativa, a de participação e a reflexão. Em segundo lugar, durante cada etapa, ocorrem várias interações sequenciais entre o participante e os elementos da experiência criada. Abordaremos esses elementos com mais detalhes no capítulo 4, pois esses são os principais componentes que você terá de levar em conta ou manipular ao fazer o design de experiências. Por enquanto, pense neles como as pessoas, os lugares e as coisas que compõem as vivências. Em terceiro lugar, as interações entre o participante e os elementos da experiência cocriam uma variedade de eventuais resultados impulsionados, em grande parte, pelas percepções e reações do participante. Essas percepções, denominadas "resultados percebidos" na figura 1.1, podem abarcar pensamentos, emoções, atitudes ou comportamentos. São desfechos conscientes decorrentes da reflexão intencional desencadeada mediante a participação ativa e engajada.

Figura 1.1. Componentes da experiência fundamental

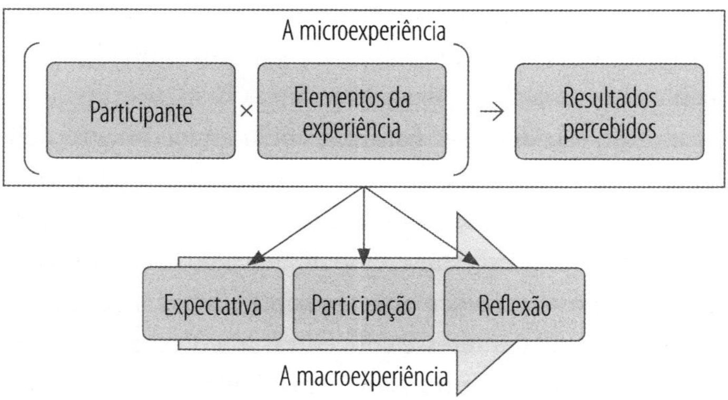

Fonte: veja a nota 12.

Combinando os componentes fundamentais da figura 1.1, oferecemos a seguinte definição: *a experiência é um fenômeno de interação único, resultante da percepção consciente e da interpretação reflexiva de seus elementos por um participante, culminando em resultados e memórias percebidos de forma pessoal.*

Elas se apresentam em dois formatos: micro e macroexperiências. As primeiras são episódios de interação discretos nas fases de expectativa, participação e reflexão que, juntos, constituem a macroexperiência acumulada. A designação micro/macro baseia-se na perspectiva da qual se observa a experiência. Uma única viagem de férias pode ser vista como uma microexperiência se a perspectiva for a vida completa de um indivíduo, ou dividida em todas as microexperiências que ocorreram durante as férias.

É importante entender que é comum alternar essas duas perspectivas ao fazer o design. Teremos mais a dizer sobre isso nos capítulos 5 e 6.

Utilizando componentes básicos da experiência: um exemplo

Vamos pensar em como utilizar esses componentes que acabamos de apresentar para desconstruir algo bastante comum, como ir a um restaurante. Durante a fase de expectativa, você começa a pensar em sair para jantar. Provavelmente, leva em consideração o tipo de comida que gostaria de comer, com quem pretende ir, quanto gostaria de pagar e aonde quer ir. Se estiver sempre procurando aquele que será o seu próximo lugar ideal para comer, talvez consulte as avaliações de restaurantes e os cardápios *online*. Todo esse processo de pensamento e tomada de decisões representa interações entre você e os elementos da experiência, inclusive aqueles fornecidos por entidades externas (por exemplo, aplicativos de avaliação de restaurantes, publicações em mídias sociais, cardápios *online*) e aqueles criados por você (por exemplo, amigos que deseja convidar, meio de transporte para o restaurante, seu orçamento). Um desses fatores provavelmente será o motivador da tomada de decisão. Por exemplo, você quer sobretudo jantar com amigos, e o local e o que será servido têm menos importância.

A transição da fase de expectativa para a de participação geralmente ocorre quando se começa a interagir com os elementos da vivência real. Em nosso exemplo, é possível incluir microexperiências como chegar ao restaurante e entrar nele. Vale a pena observar que os resultados subjetivos da fase de expectativa transbordam para a fase de participação. Por exemplo, se você leu ótimas críticas sobre o restaurante, é provável que tenha uma atitude positiva ao entrar na fase de participação. Se telefonou com antecedência e fez uma reserva, o *host* o receberá com uma mesa reservada para você e seus amigos. A interação entre sua atitude positiva em relação ao restaurante e o processo acelerado de acomodação à mesa certamente produzirá sentimentos positivos contínuos — ou, na linguagem de nossa definição, um resultado percebido de forma positiva. Também é fácil imaginar como o resultado percebido dessa fase inicial de participação poderia ser diferente se você tivesse lido críticas negativas sobre o restaurante, se ele não aceitasse reservas ou se o *host* não tivesse lhe dado as devidas boas-vindas. Outras microexperiências — como pedir, receber e consumir alimentos, conversar com amigos e pagar pela refeição — também ocorrem durante a fase de participação. Para saber como algumas corporações do ramo de restaurantes pensam e projetam as interações em uma experiência gastronômica, consulte os itens relativos à Fox Restaurant Concepts e à Brinker International no capítulo 10.

Depois de sair do restaurante, entra-se na fase de reflexão, e os resultados percebidos na fase de participação influenciarão o efeito percebido de tudo que foi vivenciado. Essa transição é marcada por uma mudança do envolvimento na experiência real para a reflexão sobre o que aconteceu. A fase de reflexão é especialmente relevante depois que você vivencia algo muito negativo ou muito positivo. A maior parte daquilo que se vivencia tem fases de reflexão breves e superficiais porque não são tão memoráveis.

No entanto, para algo muito bom ou muito ruim, a fase de reflexão em geral inclui conversas sobre a experiência com outras pessoas — seja diretamente ou por meio das redes sociais —, observar fotos tiradas durante o que foi vivido ou simplesmente refletir sobre isso. O resumo do juízo é maleável a essa altura, sendo influenciado pela narrativa internalizada da reflexão pessoal, bem como pelas discussões com outras pessoas que participaram da experiência. Os resultados percebidos na fase de reflexão quase sempre determinam se você considera voltar ao restaurante, o que o leva de volta à fase de expectativa, na qual o processo recomeça. O ciclo termina se você decidir nunca mais voltar.

Como se vê, as experiências — mesmo aquelas tão habituais como sair para comer — são complexas, e desenhá-las implica um processo intrincado e abrangente. Exige mais do que somente falar da importância do atendimento ao cliente. O design de experiências implica um processo intencional e testado para criar algo que conduz os participantes por uma sequência de interações ao longo das três fases mencionadas, de modo a produzir os resultados desejados pelo participante e pretendidos pelo designer. As ferramentas e o conhecimento que incluiremos nos capítulos a seguir oferecem uma metodologia para criar experiências que resultem naquilo que se deseja.

O QUE É DESIGN DE EXPERIÊNCIAS?

Agora que já temos o conceito de experiência, voltemos nossa atenção para a definição do que é seu design. O crescente interesse no tema tem conduzido a várias abordagens. É possível que você já tenha ouvido termos como design de experiências do usuário, do cliente e do serviço, para citar alguns. Cada um deles se refere à aplicação do processo de design em um contexto específico:

- O design da experiência do usuário (UX design) é voltado para o design de interações entre humanos e computadores.
- O design da experiência do cliente lida com o design das interações cliente-empresa.
- O design da experiência de serviço envolve a criação intencional de interações de serviço eficazes e positivas.

A especialização dentro da área é importante porque as nuances de cada contexto garantem algum grau de personalização. Por exemplo, no design UX, há uma preocupação constante com o local. Seria ela a interação com o computador ou este é simplesmente uma janela que serve de canal para a experiência? Questões contextuais exclusivas à parte, há mais pontos em comum do que diferenças entre esses campos, mas a comunicação limitada entre eles e a falta de uma base compartilhada são problemáticas.

Brian Solis, autor especializado em design de experiência, disse o seguinte sobre essa desconexão: “É raro que especialistas nessas várias disciplinas [experiência de marca, do cliente e do usuário] interajam, e é ainda menos comum que as empresas as integrem em esforços de design. Isso é lamentável, pois eles têm muito a compartilhar uns com os outros”.[14] Na maioria das vezes, essas subdisciplinas se desenvolveram independentemente umas das outras e sem esforços para identificar pontos em comum nos quais todos pudessem se basear.

A inovação geralmente funciona assim, com novas ideias surgindo de modo independente e simultâneo. O sociólogo Robert Merton chamou esse fenômeno de "descobertas múltiplas". Existem longas listas dessas inovações simultâneas, como o cálculo, a teoria da evolução e a bomba atômica. As descobertas múltiplas parecem ocorrer "quando se acumulam tipos de conhecimento e ferramentas necessários no acervo cultural do ser humano e quando a atenção de um número considerável de pesquisadores se concentra em um problema".[15]

O desenvolvimento simultâneo de subcampos de design de experiências surgiu quando indivíduos e setores se conscientizaram da importância delas e perceberam que precisavam tomar medidas para abordar seu design de forma mais intencional. Um exemplo disso é a tendência recente das organizações de criarem o cargo de diretor de experiência porque sabem que proporcionar ótimas vivências é importante, apesar de não saberem totalmente o que querem que os indivíduos nesse cargo façam.[16] Embora haja um reconhecimento cada vez maior quanto à necessidade de uma metodologia na área, ainda não há consenso sobre o que exatamente é ou deveria ser essa área do design.

Como observou Peter Benz em seu livro *Experience design: concepts and case studies*, "o potencial máximo do design de experiências como disciplina criativa distinta em si mesma ainda precisa ser articulado e reconhecido".[17] Deve-se defini-lo de uma forma generalizável, que o posicione como o campo fundamental de todos os seus subcampos relacionados — do usuário, do cliente, do serviço. Este livro visa definir o design de experiências e apresentar seus fundamentos e ferramentas principais a fim de promover uma ampla aplicabilidade.

Antes de revelar nossa proposta de definição do conceito, vamos analisar o significado das palavras "experiência" e "design". A seção anterior tratou amplamente do primeiro termo, mas, para relembrar, alguns elementos-chave de sua definição incluem seu caráter multifásico, a percepção consciente e a interação entre os participantes, além dos elementos que levam aos resultados percebidos. Design, por sua vez, também é uma palavra com vários significados, dependendo do uso.

Agrada-nos a definição fornecida por Harold G. Nelson e Erik Stolterman no livro *The design way*. Eles consideram o design "a capacidade de imaginar aquilo que ainda não existe, para fazê-lo aparecer de forma concreta como acréscimo significativo ao mundo real".[18] Ao se dedicar ao design, você cria algo propositalmente para produzir uma mudança desejada, uma intervenção planejada com uma intenção específica.

Combinando os conceitos que compartilhamos sobre experiência e design, oferecemos a seguinte definição de design de experiência: *é o processo de orquestrar intencionalmente os elementos da experiência para oferecer oportunidades para que os participantes cocriem e sustentem interações que levem aos resultados desejados pelo participante e pelo designer*. As vivências são algo complexo e estão sempre presentes, mas para criar algo que realmente se destaque e produza os resultados desejados, alguém terá de intervir de forma intencional. Esse alguém é o designer de experiências, e ele pode ser você.

RESUMO: VAMOS LÁ!

Preparamos o cenário com definições de experiência e de design de experiência. Esperamos que agora você considere as complexidades da área e o processo interativo por meio do qual elas produzem resultados. Qualquer um pode agendar uma reunião para um grupo determinado, e no processo de interação haverá algum resultado. Contudo, o ato de projetar e oferecer vivências que produzam resultados valorizados pelo participante e pelo provedor requer um processo intencional. Nosso objetivo, nos capítulos seguintes, é oferecer o conhecimento e as ferramentas necessárias para projetar experiências em qualquer contexto e para qualquer população. Trata-se de um campo interdisciplinar, e utilizamos uma variedade de disciplinas ao orientá-lo ao longo do caminho rumo à especialização em seu design. Também destacaremos continuamente as diferenças entre experiências e serviços.

Antes de encerrarmos este capítulo, convém fazer alguns comentários rápidos de ordem terminológica. Às vezes, usaremos o termo encenação ou "encenador" para nos referirmos, respectivamente, ao ato de proporcionar uma experiência e aos indivíduos que alimentam o processo de sua encenação. Na maioria das vezes, utilizamos o termo "encenador" quando nos referimos aos funcionários da linha de frente que interagem diretamente com os usuários finais. Também usaremos alguns termos diferentes para nos referirmos àqueles que participam do processo que você planeja, incluindo cliente, participante e usuário final. Decidimos usar esses termos de forma intercambiável para refletir a natureza diversa dos indivíduos para os quais os leitores deste livro criarão experiências. Pessoalmente, preferimos participante porque a palavra denota a interação deliberada necessária para a cocriação.

Ao terminar de ler este livro, você começará com o pé direito a se tornar um designer de experiências. Terá uma ideia dos tópicos e ferramentas fundamentais que lhe permitirão criar vivências inovadoras e intencionais. Passemos agora à próxima etapa de nossa jornada de design: uma análise do trabalho de alguns dos principais pensadores sociopsicológicos do fenômeno aqui abordado.

CAPÍTULO 2

O que define uma grande experiência?

Durante alguns verões, enquanto Mat fazia seu mestrado, ele e a esposa, Chenae, codirigiram um acampamento de aventura na natureza para adolescentes carentes nas montanhas da região central de Idaho. Um dos jovens participantes, que chamaremos de Tom, era baixo e magro, com uma enorme juba de cabelo loiro bagunçado. Ele apareceu no acampamento com um *skate* — embora não houvesse lugar para praticar a atividade — e muita energia. Não era fácil chamar a atenção de Tom, e ele estava começando a irritar seus monitores. Um dia, quando Mat fazia sua ronda pelo acampamento, um dos monitores se aproximou e disse que havia algo que ele precisava ver.

Era Tom, totalmente imóvel, com a mão espalmada voltada para um comedouro de beija-flor pendurado em uma árvore. O monitor disse a Mat que, naquele dia, o grupo de Tom estava aprendendo sobre pássaros. Disseram-lhes que se colocassem água com açúcar na mão e a mantivessem imóvel perto do comedouro, um beija-flor poderia pousar nela. Por alguma razão, essa perspectiva fascinou tanto Tom que ele se dispôs a ficar parado — algo que ainda não havia acontecido durante suas horas de vigília no acampamento — para ter a chance de vivenciar aquilo. Para sua alegria, isso aconteceu logo após alguns minutos de espera.

Durante essa experiência, Tom mergulhou totalmente no momento. Sua atenção estava inteiramente concentrada na tarefa em questão, percebendo pouco ou nada do mundo ao seu redor. Algo na chance de se conectar fisicamente a um pássaro — com o qual ele compartilhava alguns padrões de comportamento — captou e prendeu sua atenção. Os designers de experiências bem-sucedidos se esforçam para oferecer opções que prendam a atenção, como o encontro entre Tom e o beija-flor. A questão é: como fazer isso de forma consistente? Neste capítulo, analisaremos um conjunto de pesquisas sociopsicológicas para aprender princípios que você poderá empregar para orientar seus esforços como designer de experiências.

O que você lerá no restante deste capítulo talvez pareça um pouco obtuso para a criação de experiências. No entanto, confie, pois esse conhecimento o ajudará a criar experiências melhores e intencionais. Muitos profissionais da área não dedicam tempo para estudar a psicologia social da experiência antes de começar a projetá-la. Este capítulo lhe proporcionará uma compreensão mais profunda das experiências.

DIVERSÃO E FLUXO

O nosso cérebro anseia por estímulos. É por isso que os *smartphones* são tão viciantes — são provedores extremamente eficazes de estímulo visual e auditivo, bem como de estímulo tátil e cognitivo interativo.[1] Nosso cérebro quer que interajamos com o ambiente para que possamos aprender, crescer e nos adaptar. É por isso que as crianças precisam brincar. No final da década de 1960 e início da década de 1970, o dr. Michael Ellis realizou estudos de observação de crianças em seu Play Research Lab na Universidade de Illinois.[2] Ele estava interessado em entender as motivações e os resultados das brincadeiras não estruturadas. A pesquisa de Ellis mostrou que o brincar proporcionava às crianças um veículo para obter e manter níveis ideais de estímulo físico e excitação cognitiva. Pesquisas posteriores reforçaram o argumento de que as brincadeiras desempenham papel essencial no desenvolvimento de crianças e adultos.[3]

As crianças usam as brincadeiras para encontrar o ponto ideal entre a subestimulação (estou entediado) e a superestimulação (estou ansioso). Como adultos, também buscamos experiências que proporcionem a quantidade certa de estímulo. Em um mundo com fontes inesgotáveis de estímulo, esperaríamos que fosse fácil saber como prestar atenção aos tipos de experiência que oferecem ao nosso cérebro o *feedback* na medida certa. Infelizmente, o excesso de opções, na verdade, prejudica nossa capacidade de tomar decisões; por isso, acabamos assistindo à Netflix ou participando de outras atividades que tendem a sedar nosso cérebro em vez de estimulá-lo.[4]

Todos nós já tivemos experiências — como no encontro com o beija-flor de Tom — que captaram e prenderam totalmente nossa atenção. O que torna essas experiências tão cativantes? Foi a essa pergunta que, em parte, Mihaly Csikszentmihalyi se propôs a responder quando começou a estudar as experiências de indivíduos criativos ao extremo.[5] Usando um método chamado "amostragem de experiência", que implicava chamar os participantes em momentos aleatórios durante o dia e fazer que respondessem a perguntas sobre o que estavam fazendo e como estavam se sentindo, Csikszentmihalyi descobriu um conjunto comum de características que os participantes do estudo usavam para descrever experiências excepcionalmente cativantes. Ele adotou o termo *flow* [fluxo] — palavra usada com frequência pelos entrevistados — para rotular esse tipo de experiência.

À medida que o estudo de Csikszentmihalyi sobre o *flow* prosseguia, ele desenvolveu uma lista de características descritivas para as experiências de *flow*. Também descobriu que este poderia ocorrer em quase todos os contextos (trabalho ou lazer) e durante qualquer atividade (de escalar montanhas a costurar colchas) se a experiência apresentasse as seguintes características:

- Metas claras: você sabe o que busca realizar na atividade.
- *Feedback* imediato: você sabe como está seu desempenho em relação aos objetivos declarados ao participar da experiência.
- Equilíbrio entre desafio e habilidade: a experiência oferece a quantidade certa de desafio em relação ao seu nível de habilidades exigidas.
- Fusão de ação e consciência: você está completamente concentrado e envolvido com a experiência em questão.
- Perda da consciência de si: você está tão imerso na experiência que perde a percepção dos outros acontecimentos ao seu redor, incluindo a preocupação com o que os outros possam estar pensando de você.
- O tempo fica distorcido: você perde completamente a noção do tempo, e experiências que parecem durar apenas alguns minutos podem, na verdade, ter durado horas.
- Sua participação é intrinsecamente motivada: você quer participar por causa da experiência e não por alguma recompensa externa.[6]

Pense na experiência de Tom com o beija-flor. Cada uma dessas características foi claramente exibida nela. Ele tinha um objetivo bem definido em mente, recebeu *feedback* — na forma da proximidade do beija-flor com a sua mão — durante toda a experiência, estava totalmente absorto nela, a atividade lhe proporcionou um bom equilíbrio entre seu nível de habilidade e o desafio exigido, ele se esqueceu completamente do mundo ao seu redor, perdeu por completo a noção do tempo e estava intrinsecamente motivado.

As pessoas para as quais criamos experiências procuram aquelas que lhes prendam a atenção. Todos nós queremos encontrar experiências que produzam *flow* para preencher ao menos parte de nosso dia. Como designers de experiências, podemos aplicar os *insights* sobre experiências humanas obtidos por pesquisadores como Mike Ellis e Mihaly Csikszentmihalyi. Seu trabalho destaca que as experiências de qualidade ocorrem somente quando os indivíduos reconhecem e reagem ao que está acontecendo ao seu redor. Deverá atrair a atenção das pessoas e envolvê-las se quiser lhes proporcionar uma experiência sustentável. Por outro lado, precisará encontrar o ponto ideal ao criar e encenar experiências que ofereçam estímulo suficiente para captar e manter a atenção das pessoas, mas nunca a ponto de deixá-las sobrecarregadas, ansiosas ou confusas. Isso significa que terá de entender as pessoas para as quais está proporcionando experiências. Quais são os tipos de conhecimento, níveis de habilidade, atitudes etc. que elas trazem pessoalmente para a experiência? Também deverá entender alguns princípios gerais da psicologia humana para criar experiências envolventes e positivas.

O QUE AS PESSOAS DESEJAM DE FATO VIVENCIAR?

Embora as experiências possam produzir uma grande variedade de resultados, o primeiro passo para criá-las é concentrar-se intencionalmente em um número finito de resultados específicos desejáveis que, de algum modo, seja possível proporcionar. Um erro clássico do design de experiências é começar com a finalidade em mente e não com o que os participantes querem. Algumas organizações buscarão alcançar resultados por meio das experiências que promovem. Por exemplo, a YMCA [Associação Cristã de Moços] — conhecida, principalmente nos Estados

Unidos, como "the Y" — tem resultados organizacionais específicos a alcançar mediante os programas que oferece. Os três focos da YMCA são: o desenvolvimento da juventude, a vida saudável e a responsabilidade social.[7] Todos os programas que a Y oferece visam a alcançar esses resultados.

No entanto, as necessidades dos participantes sempre devem ser levadas em conta, pois a satisfação de seus desejos e a solução de seus problemas terão grande influência na forma como avaliarão a experiência e no que comentarão com outras pessoas sobre ela. Embora reconhecendo que cada indivíduo tem necessidades únicas, a psicologia positiva oferece *insights* sobre quais os resultados geralmente têm o maior impacto positivo e, portanto, são os mais desejados pelos participantes.

Em *Felicidade autêntica*, Martin E. P. Seligman, o pai da psicologia positiva, discute o poder das experiências positivas. Ele afirma que "as experiências que induzem emoções positivas fazem que as emoções negativas se dissipem rapidamente".[8] Essa afirmação simples e direta é respaldada por uma enorme quantidade de pesquisas comprobatórias. Seligman também afirma que a felicidade — ou emoção positiva — é apenas um componente do funcionamento psicológico saudável. Paul Dolan, no livro *Felicidade construída*, contribui para essa discussão ao observar a necessidade de um propósito além do prazer nas experiências que buscamos. Ele apresenta o princípio do prazer-dor, afirmando que o prazer está em contraste com a dor, e o propósito está em contraste com a inocuidade.[9] Um dilema da vida que ele discute é a necessidade de equilibrar o prazer com o propósito. Engajar-se apenas em prazeres sem propósito não nos faz sentir bem, tampouco apenas em atividades com propósito.

As pessoas com quem nos envolvemos nas experiências também são importantes. Seligman sugere que o vínculo social é um promotor crucial do funcionamento psicológico positivo. Em um estudo no qual ele e um colega analisaram os 10% de estudantes universitários mais felizes em um grupo de 222 estudantes, constatou-se que o vínculo social era um fator diferenciador fundamental. Essas pessoas "muito felizes" se diferenciavam nitidamente dos indivíduos com níveis médios e baixos de felicidade em um aspecto principal: elas tinham uma vida social rica e satisfatória. Passavam muito menos tempo sozinhas (e bastante tempo socializando) e recebiam as melhores avaliações em relação aos bons relacionamentos, tanto com si mesmas quanto com seus amigos.[10] Dolan corrobora essa conclusão. Depois de analisar dois grandes conjuntos de dados sobre felicidade nos Estados Unidos e na Alemanha, ele conclui: "Também podemos demonstrar que somos mais felizes quando estamos interagindo com outras pessoas".[11]

No livro *The power of moments*, Chip e Dan Heath sugerem que as experiências compartilhadas, especialmente aquelas que permitem que as pessoas lutem juntas enquanto trabalham para atingir um objetivo significativo, criam conexões fortes e profundas entre os indivíduos.[12] Pense nas pessoas em sua vida com as quais se sente mais conectado — temos certeza de que teve com elas o tipo de experiência que os irmãos Heath descrevem.

Em seu livro mais recente, *Florescer*, Seligman introduziu o modelo PERMA (na sigla em inglês) para apresentar os elementos necessários para o funcionamento psicológico ideal. Ele sugere que as pessoas levam uma vida mais satisfatória quando têm experiências que produzem os seguintes resultados:[13]

- Emoção positiva [P]: conduz à felicidade. Todos queremos ter experiências que produzam emoções positivas: a empolgação de um primeiro encontro, a alegria de ver uma criança dar seus primeiros passos, a satisfação e o prazer de consumir uma refeição preparada por um especialista.

- Engajamento [E]: um estado subjetivo fortemente baseado na teoria do fluxo, presente quando os indivíduos reagem afirmativamente a perguntas como "O tempo parou para você?", "Você estava completamente imerso na tarefa?", "Perdeu a consciência de si mesmo?"[14] Todos nós queremos e buscamos experiências envolventes, que captem toda a nossa atenção.
- Relacionamentos [R]: todos precisamos de relacionamentos positivos e significativos com pessoas importantes para nós. Seligman afirma: "Pouco do que é positivo é solitário. [...] As demais pessoas são os melhores antídotos para os problemas da vida e o apoio mais confiável".[15]
- Significado [M]: definido por Seligman como "pertencer a algo e servir a algo que você acredita ser maior do que você mesmo".[16] O significado pode ser encontrado em uma carreira que é vista como um chamado[17], no envolvimento em causas voluntárias ou no serviço motivado pela religião, para citar apenas alguns exemplos.
- Realização [A]: a busca da realização em si mesma. Isso pode ser alcançado tanto na esfera pessoal quanto na profissional. Representa o desejo de desenvolver o domínio de determinada área, não para receber elogios ou remuneração, mas simplesmente para adquirir um senso de competência.

A lista anterior é uma fonte importante de resultados sobre o que as pessoas provavelmente desejam obter nas experiências que você cria. Trata-se de resultados abstratos, mas universalmente aplicáveis. Seu trabalho é projetar experiências que permitam aos participantes vivenciar emoções positivas, envolver-se, construir relacionamentos, encontrar significado e desenvolver competências. Se você conseguir viabilizar ao menos uma dessas categorias de resultados com sua experiência, estará no caminho certo.

A pesquisa de Richard Ryan e Edward Deci[18] se encaixa muito bem no trabalho de Seligman. Os autores propõem que, assim como temos necessidades físicas básicas — comida, abrigo, água —, também devemos ter necessidades psicológicas básicas. Inúmeros estudos apoiam a conclusão, proposta pela primeira vez por Ryan e Deci, de que, para um funcionamento psicológico saudável, os indivíduos precisam ter níveis adequados de autonomia, competência e afinidade.[19] Autonomia é a sensação de controle sobre as ações e as escolhas; competência é ter as habilidades necessárias para determinada atividade; afinidade é sentir-se conectado com pessoas que o valorizam e se preocupam com você. A pesquisa de Ryan e Deci demonstra que, quando as necessidades psicológicas básicas são atendidas, as pessoas obtêm uma gama de resultados positivos e experimentam um maior senso de motivação intrínseca.

A PSICOLOGIA DAS GRANDES EXPERIÊNCIAS

Se observarmos os resultados da pesquisa analisada até aqui, poderemos tirar algumas conclusões relevantes para os designers de experiências. Em primeiro lugar, as experiências são fontes potenciais do estímulo de que nosso cérebro precisa para promover o desenvolvimento e o funcionamento psicológico saudável. Em segundo lugar, as melhores experiências:

- Produzem emoções positivas.
- Prendem a atenção.
- Ajudam a desenvolver e fortalecer relacionamentos.
- Proporcionam significado por meio da conexão com algo maior do que nós mesmos.
- Promovem a competência.

- Concedem autonomia.

Embora algumas experiências consigam reunir todos esses elementos, elas são raras — e tudo bem. Ficaríamos emocionalmente esgotados se todas as experiências do nosso dia suprissem todas essas necessidades. A lista oferece aos designers de experiências uma variedade de resultados psicológicos que podem ser aproveitados e incorporados às experiências que estão criando ou já estão oferecendo. Por exemplo, como ajustar as experiências atuais para proporcionar mais autonomia ou criar novas experiências para melhor promover a competência? Há inúmeros resultados que podem ser visados ao criar ou aprimorar experiências. No entanto, aquelas que você criar serão mais significativas se abrangerem e proporcionarem ao menos alguns dos resultados discutidos neste capítulo.

ALOCAÇÃO DA ATENÇÃO

Então, você obteve alguns *insights* sobre o que as pessoas precisam e querem das experiências. Lembre-se de que estas só existem quando captam e mantêm a atenção consciente de alguém. Também já sabe que a qualidade da atenção que damos às coisas nem sempre é a mesma. Pense na atenção que você daria, durante uma caminhada, ao canto de um pássaro e ao barulho de uma cascavel. Um estímulo, o chocalho, provavelmente produziria um grau maior de atenção concentrada do que o outro estímulo, o canto de um pássaro. A intensidade do envolvimento mental nas experiências foi examinada por Daniel Kahneman, que documentou que a velocidade e a intensidade do pensamento variam em diferentes situações. Ele identifica dois tipos de pensamento:

- O sistema 1 opera de forma automática e rápida, com pouco ou nenhum esforço e sem senso algum de controle voluntário.
- O sistema 2 aloca a atenção nas atividades mentais que exigem esforço, inclusive cálculos complexos. As operações do sistema 2 são frequentemente associadas à experiência subjetiva de iniciativa, escolha e concentração.[20]

O sistema de pensamento 1 ocorre rapidamente e demanda pouca atenção consciente. Ele compõe grande parte de nossas experiências diárias. Nessas experiências, as informações são familiares, rotineiras e processadas rapidamente. Elas implicam a percepção cognitiva, mas não o processamento racional de informações que caracteriza o sistema 2. No exemplo da caminhada, ouvir o canto de um pássaro — uma ocorrência comum — acionaria o sistema 1. Provavelmente, registraríamos o som do canto, mas não dedicaríamos maior atenção a ele.

Permitam-nos uma rápida digressão para ilustrar como as interpretações de estímulos podem ser exclusivamente pessoais. O cenário anterior provavelmente não se aplicaria a indivíduos interessados em ornitologia, que prestariam muito mais atenção ao canto do pássaro e, provavelmente, passariam algum tempo identificando sua espécie. Desviamos do assunto para enfatizar a ideia de que pode ser difícil prever com exatidão como os indivíduos reagirão aos estímulos proporcionados pelas experiências. Por isso, quanto mais você conhecer sobre os participantes, melhores serão as previsões que poderá fazer.

O sistema de pensamento 2 é mais lento e deliberado do que o sistema 1. Ele envolve o processamento de pensamentos racionais — o tipo de envolvimento interativo geralmente necessário para manter o interesse e resultar em memórias duradouras. O sistema 2 é acionado por experiências que exigem atenção mais concentrada, como decidir qual oferta de emprego aceitar ou como reagir à presença de uma cascavel. Kahneman ressalta que muitos de nossos pensamentos do sistema 1 foram derivados, em algum momento, de deliberações do sistema 2. Portanto, para ele, o sistema 2 é o sistema-chave, pois fornece um mecanismo para a memória. Cada um de nós adquiriu o repertório do sistema 1 por meio de nossa própria história com experiências do sistema 2. Assim, ao projetar experiências, lembre-se de que cada pessoa tem um histórico de experiências único, derivado de interações anteriores com o sistema 2, e que ela o utilizará para processar e perceber as experiências que lhe forem oferecidas.

O trabalho de Kahneman questiona a ideia de que devemos sempre oferecer experiências que conduzam a memórias duradouras. Isso pode ser uma tarefa grande demais para a produção diária rotineira! Boa parte do que fazemos todos os dias — muitos dos pontos de contato na jornada de um indivíduo — provavelmente envolve o sistema 1, ou seja, uma experiência não memorável. Isso é confirmado por Chip e Dan Heath: "A surpresa das grandes experiências de serviço é que elas são, em geral, esquecíveis e só ocasionalmente notáveis".[21] Porém, devido à exortação da literatura atual, os profissionais são instigados a oferecer experiências que geram memórias e só podem resultar do sistema de pensamento 2. E, como é de esperar, considerando algumas dessas novas informações, eles estão fracassando e sentindo-se frustrados.

PROJETANDO EXPERIÊNCIAS MEMORÁVEIS

A bibliografia sobre marketing e comportamento do consumidor está repleta de recomendações para proporcionar experiências memoráveis. No entanto, não encontramos quase nenhuma abordagem sobre o fenômeno da memória! Investiguemos ao menos algo sobre ele. Uma rápida análise das publicações sobre memória nos informa que ela é o processo pelo qual nosso cérebro codifica, armazena e recupera informações.[22] Sem memória, estaríamos perdidos, precisando reaprender tudo todos os dias. Em geral, todos nós sabemos da existência das memórias de curto e longo prazo. A memória de curto prazo é ativada durante o sistema de pensamento 2, que exige que nos lembremos de diversos fatos por um breve período para usá-los durante o intenso processo de reflexão e processamento de informações. As informações resultantes desse processamento são então armazenadas de forma seletiva em nossa memória de longo prazo, para serem recuperadas no futuro, conforme necessário.

Durante as experiências, estamos cientes de muitos fragmentos de informações recebidas que estão sendo acessadas por meio dos cinco sentidos — paladar, olfato, audição, visão e tato. Percebemos essas informações por um breve período e, em seguida, escolhemos algumas para que sejam processadas pela memória de curto prazo. Por meio da reflexão e da interpretação, selecionamos ainda outras para serem esquecidas ou armazenadas na memória de longo prazo — também conhecida como memória declarativa, ela engloba fatos e eventos que podem ser recuperados conscientemente. Há dois tipos de memória declarativa: a semântica, que é aprendida, e a episódica, extraída da experiência pessoal.

Como observa Jennifer Ouellette, pesquisas recentes têm apresentado alguns resultados interessantes sobre como a experiência se imprime em nossa memória episódica:

> O modo como o cérebro fixa o momento dos acontecimentos que vivenciamos depende da memória episódica. Sempre que nos lembramos de fatos importantes do passado, entramos em contato com a memória episódica, que codifica o que aconteceu, onde aconteceu e quando aconteceu, agindo assim com todas as nossas experiências

lembradas. Os neurocientistas sabem que o cérebro deve ter um tipo de relógio interno ou marcapasso para ajudá-lo a rastrear essas experiências e registrá-las como memórias.[23]

Pesquisadores do Instituto Kavli de Neurociência de Sistemas, na Noruega, descobriram que as experiências não são codificadas nem lembradas de acordo com o tempo cronológico ou circadiano, como ocorre com a maioria dos outros eventos. A maneira como o tempo nas experiências é lembrado difere fundamentalmente daquela como outros tipos de fatos temporais são lembrados.[24] As experiências são codificadas em duas áreas separadas do cérebro: uma que registra informações espaciais e outra que marca a ordem dos acontecimentos em uma experiência. Essas partes separadas de informações são integradas no hipocampo "para armazenar uma representação unificada de *o que*, *onde* e *quando*".[25]

Essa parte do sistema límbico do cérebro registra uma experiência integrando a ordem temporal do que ocorreu com o espaço em que ocorreu. Em artigo de Rita Elmkvist Nilsen, o pesquisador do Instituto Kavli Albert Tsao, diz: "A rede [referindo-se às três áreas do cérebro que realizam isso em conjunto, *sic*] não codifica explicitamente o tempo. O que medimos é, antes, um tempo subjetivo derivado do fluxo contínuo da experiência".[26] É interessante que Csikszentmihalyi também tenha derivado desse trabalho o termo *flow*, ou fluxo. Fisiologicamente, a experiência é tratada de maneira única em nosso cérebro, e não como outros fenômenos.

No mesmo artigo, Nilsen, ao relatar o trabalho das equipes de pesquisa do Kavli, afirma: "A experiência, e a sucessão de acontecimentos dentro dela, são, portanto, a substância da qual o tempo subjetivo é gerado e medido pelo cérebro".[27] O professor Edvard Moser, um dos pesquisadores do Kavli, vencedor do

Prêmio Nobel por sua descoberta de como o cérebro processa o espaço e nossa posição dentro dele, observa: "Com esse trabalho, encontramos uma área com atividade tão intensa relacionada ao tempo de um fato ou experiência que isso pode abrir um campo de pesquisa totalmente novo".[28]

O que isso significa para o nosso campo? Que nossa meta deve ser criar experiências memoráveis. Estas são registradas na memória episódica. A localização física (o espaço que ocupam) e os engajamentos sequenciais que as compõem são fundamentais e se tornam parte da memória associada a elas. Os resultados da pesquisa atual confirmam que as técnicas que recomendamos são essenciais para a criação de experiências memoráveis. Especulamos que as experiências com maior probabilidade de serem memoráveis são aquelas que ocorrem em espaços exclusivos e incorporam engajamentos especiais em seu design, possibilitando a lembrança futura. Portanto, os designers de experiências precisam utilizar esses dois elementos para garantir que as experiências sejam memoráveis.

PRODUZINDO EXPERIÊNCIAS?

É bem sabido que o interesse pelo conceito de experiência nos negócios iniciou-se com a publicação de *The experience economy: work is theatre and every business a stage*[29], de B. Joseph Pine II e James H. Gilmore, seguido por uma edição atualizada em 2011.[30] Os autores introduziram um ponto de partida importante em relação ao pensamento existente: que a experiência é um quarto tipo de atividade econômica, ao lado das *commodities*, dos bens e serviços, e que a experiência é um fator diferenciador exclusivo pelo qual os consumidores estão dispostos a pagar. Nessa linha, o autor de negócios Brian Solis sugere que "atualmente, as experiências são mais importantes do que os produtos. Na verdade, elas são produtos".[31] Em resumo, se você não estiver proporcionando experiências excelentes, independentemente do seu setor, não sobreviverá.

Examinemos como Pine e Gilmore têm promovido a conscientização sobre a importância econômica das experiências. Seu conceito de experiência baseia-se em três proposições. Primeiro, as experiências são diferentes dos serviços. Quando um cliente "compra uma experiência, ele [ou ela] paga para passar um tempo desfrutando de uma série de acontecimentos memoráveis que uma empresa encena — como em uma peça teatral — para envolvê-lo de forma pessoal".[32] Segundo, as pessoas estão dispostas a pagar mais por experiências do que por mercadorias, produtos ou serviços. Terceiro, a personalização aprimora as experiências. Isso não significa simplesmente oferecer mais opções aos clientes, porque, como Barry Schwartz revelou, ter muitas opções impede a tomada de decisões e cria frustrações para os consumidores.[33] As melhores experiências revelam opções personalizadas, com base nas necessidades dos participantes ao longo do tempo e dentro do contexto da experiência.[34] O serviço de *streaming* de música Spotify faz isso com suas listas de reprodução diárias, que são criadas todos os dias com base nas músicas que você ouviu mais recentemente.

Para ilustrar essas ideias, Pine e Gilmore oferecem uma narrativa que reformula o pensamento sobre o papel dos trabalhadores e o local de trabalho, concluindo que "o trabalho é teatro", pois as empresas encenam peças que envolvem os clientes.[35] Ao aplicar o modelo, eles têm o cuidado de notar a armadilha que constitui "equiparar experiências com entretenimento".[36] Salientam ainda que "encenar experiências não é entreter os clientes, é envolvê-los".[37] De fato, é! Os usuários finais precisam ser envolvidos como protagonistas na narrativa que se desenrola a partir da experiência, em vez de simplesmente permanecerem como observadores; eles devem se tornar participantes.

Isso também se aplica aos funcionários. Os autores de um relatório de tendências publicado na *Deloitte Insights* observam que "as empresas de alto desempenho têm buscado maneiras de enriquecer a experiência do funcionário, levando a um trabalho com propósito, produtivo e significativo".[38] Esse resultado se obtém pela expansão e redefinição da relação do funcionário com o empregador. Trata-se de uma abordagem que pressupõe uma visão mais holística da vida no trabalho, propiciada pela obtenção de *feedback* constante dos funcionários para monitorar e tomar medidas para aperfeiçoar sua capacidade de realizar o trabalho cotidiano.

Com muita frequência, os esforços para criar experiências resultam em melhorias no atendimento ao cliente, e não na criação de uma experiência. Os clientes continuam sendo membros da plateia em vez de atores de uma produção. O teatro proporciona uma ilusão de representação de entretenimento, ao passo que as experiências na economia da experiência deveriam produzir um envolvimento autêntico e participativo. O teatro é produzido mediante a encenação de um roteiro estático; a experiência, porém, é casualmente cocriada por seu organizador e pelos participantes, resultando em experiências sempre únicas. São diferenças importantes tanto na produção quanto no resultado. Conhecer esses aspectos e suas implicações para o design de experiência colocará você à frente dos demais que buscam se dedicar a esse campo.

Permitam-nos apresentar um exemplo rápido do teatro como experiência cocriada. Certa vez, Mat assistiu a uma apresentação de dança-teatro imersiva intitulada *Sonder*, dirigida por seu amigo e professor de dança Graham Brown. Em vez de ser encenada em um teatro tradicional, *Sonder* era realizada em um prédio histórico de três andares. Os artistas interpretavam a narrativa do espetáculo por todo o edifício, e os participantes eram encorajados a passear pelo local livremente. Isso significava que diferentes cenas aconteciam simultaneamente por todo o imóvel.

Para aumentar a complexidade e a natureza de cocriação da experiência, os artistas interagiam diretamente com os membros da plateia e os incluíam na ação. Por exemplo, em determinado momento, um dos protagonistas pediu a uma pessoa do público que tomasse conta de sua filha para que ele e sua esposa pudessem ir a uma festa. A natureza única de *Sonder* transformou uma experiência tradicional de teatro-como-entretenimento em uma experiência de teatro-como-imersão.

O *Business dictionary* define produção como "processos e métodos usados para transformar insumos tangíveis — matérias--primas, produtos semiacabados, subconjuntos — e insumos intangíveis — ideias, informações, conhecimento — em bens ou serviços".[39] A essa lista temos de acrescentar as experiências. O acréscimo da experiência introduz a questão de saber se elas são produzidas de maneira semelhante aos bens e serviços. Não acreditamos que sejam. Produzir experiências constitui um novo paradigma, já que exige a cocriação com os participantes. No vernáculo das artes cênicas, costumamos chamá-la de "encenação", para confirmar que é única em relação a outros tipos de produção.

A ideia de que produzir experiências é simplesmente uma extensão dos processos de produção normais está ingenuamente disseminada na literatura, e ninguém está defendendo o contrário. O que falta é um entendimento de como as experiências são produzidas para os indivíduos. John R. Kelly afirma: "A experiência de lazer [e, acrescentamos aqui, a experiência em geral] nunca é apenas receptiva, passiva. É um processo envolvente no qual todos os participantes atuam de uma forma ou de outra".[40] Cada episódio é produzido pelas pessoas que participam da experiência, um de cada vez. Ao prestar-se um serviço, no qual algo é feito para alguém ou por alguém, o controle da produção permanece com o produtor. No caso das experiências, entretanto, exige-se um paradigma diferente, no qual o produtor faz parceria com o participante para cocriar a experiência. Lembre-se, os participantes são atores nesse drama.

Esse aspecto ficou claro para Bob na primavera de 2018, quando ele e sua esposa levaram seus dois netos a uma fazenda no Arizona. Eles a haviam visitado oito anos antes com seus outros dois netos. Nessa viagem anterior, haviam comprado equipamentos de faroeste, incluindo botas, chapéus de caubói e roupas, para usar ali. A maioria dos outros hóspedes, durante a primeira visita, também usava roupas de faroeste. Contudo, na nova viagem, a experiência foi diferente. Embora as atividades — cavalgadas, tiro ao alvo etc. — ainda tivessem temas relacionados ao faroeste, poucos participantes vestiam trajes típicos, optando, em vez disso, por tênis, camisetas e bonés de beisebol. Como muitos dos convidados não cumpriram seu papel nesse drama de faroeste, a experiência perdeu parte de sua autenticidade. Os designers de experiências precisam estar atentos ao papel que desejam que os participantes desempenhem e comunicar essas expectativas de forma clara.

Comparar a experiência de encenação com a encenação teatral pode gerar alguns equívocos operacionais. Por exemplo, as artes cênicas incluem cenografia, figurino, iluminação, dramaturgia e, talvez, direção. No entanto, o foco de todas essas atividades é produzir algo para que o espectador assista, não para que faça parte. A analogia com o design de experiência se torna completa apenas quando você enxerga os participantes como atores com um roteiro parcial e, assim, em maior ou menor grau, participam da definição das interações e dos resultados.

Em última instância, o participante é um parceiro do designer de experiências quando a experiência é encenada, e esse papel precisa ser antecipado e integrado no design. Em comparação com a produção de serviços, a encenação da experiência é um processo mais intricado e arriscado. Quando se encena uma experiência criada, o designer não detém o controle total do processo de produção porque os participantes também desempenham uma função ativa. Eles são atores que podem improvisar o roteiro à medida que o fato se desenrola. Assim, enquanto um serviço é *prestado* em tempo real, uma experiência é *cocriada* em tempo real.

RESUMO: VALE A PENA?

Talvez você esteja pensando: "Quer dizer que para projetar experiências de qualidade preciso atrair a atenção das pessoas e atender às suas necessidades mais importantes? Isso parece complicado". Bem, até certo ponto é complicado. De fato, o processo exige uma abordagem sistemática e intencional e um entendimento da psicologia social das experiências analisadas neste capítulo. Não basta simplesmente montar uma experiência e esperar que ela produza resultados consistentes e significativos para você e seus participantes. De maneira geral, vemos experiências sendo improvisadas à medida que são produzidas, sem planejamento intencional. Felizmente, este livro tem como objetivo oferecer um conjunto de ferramentas para ajudá-lo a criar grandes experiências de forma intencional e eficaz.

As pessoas querem e precisam ter ótimas experiências; para proporcioná-las, porém, deve-se criar experiências que consigam captar a atenção das pessoas. Pesquisas de diversas disciplinas oferecem excelentes *insights* sobre o que torna uma experiência excelente; ela contempla nossa necessidade inata de receber a quantidade certa de estímulo — nem pouco nem muito. Também precisamos nos sentir autônomos, competentes e conectados às pessoas ao nosso redor. Desejamos vivenciar experiências que nos tragam emoções positivas, fortaleçam relacionamentos, desenvolvam habilidades, conectem-nos com redes de ideias valiosas e com pessoas que inspirem algo maior em nós, proporcionando um senso de significado e propósito. Todos buscam esse tipo de experiência. Você está pronto para criá-las?

No próximo capítulo, você aprenderá que a experiência é um conceito amplo usado para descrever diversos tipos de compromissos. Para contextualizar o tema, desenvolvemos uma estrutura que identifica os elementos causais e os resultados gerados por diferentes tipos de experiência. Essa estrutura o ajudará a criar macroexperiências que incluam sequências intencionais de diferentes tipos de experiências, com o objetivo de alcançar os resultados intencionalmente almejados.

CAPÍTULO 3

Estrutura dos tipos de experiência

Como você classificaria as diferentes experiências que tem todos os dias? Algumas são corriqueiras, como levar o lixo para fora; outras são mais memoráveis, como participar de um evento gastronômico especial em que você come em total escuridão, restringindo assim a experiência sensorial ao paladar e ao olfato. Embora elas compartilhem algumas características comuns — são multifásicas, exigem atenção, baseiam-se em percepções —, características exclusivas distinguem certas experiências de outras. Neste capítulo, apresentaremos uma estrutura de tipos de experiência para ajudá-lo a diferenciá-las e a elaborar seu design de forma intencional. Antes de chegarmos à estrutura, porém, discutiremos brevemente a importante conexão entre consciência e experiências.

O filósofo irlandês George Berkeley foi, supostamente, o primeiro a fazer a seguinte pergunta: "Se uma árvore cair em uma floresta e ninguém estiver por perto para ouvi-la, ela emite algum som?" De acordo com a mecânica quântica, não. Os autores de um artigo de 2018 da revista *Scientific American* intitulado "Coming to grips with quantum mechanics" fazem a seguinte afirmação sobre a realidade percebida:

> De acordo com a mecânica quântica, o mundo existe apenas como uma nuvem de possibilidades simultâneas e sobrepostas

> — chamada, em termos técnicos, de "superposição" — até que uma observação selecione uma dessas possibilidades, definindo objetos e acontecimentos. Essa transição é conhecida como "medição". Uma das chaves do nosso argumento a favor de um mundo mental é a alegação de que somente observadores conscientes são capazes de realizar medições.[1]

Quando os observadores se tornam conscientes de um objeto ou fato, eles o "medem" ou registram; portanto, para que algo exista, deverá ser medido conscientemente; caso contrário, não existe. Para fundamentar ainda mais seu argumento, os autores citam o físico teórico alemão Max Planck, que afirmou: "Considero a consciência fundamental. Considero que a matéria seja derivada da consciência. Não podemos ir além da consciência".[2] Tornar-se ciente ou estar consciente de um objeto ou fato é o que o origina. Curiosamente, essa noção também é um princípio fundamental da teoria sociológica da interação simbólica, ou seja, que o significado dos objetos deriva de nossas interações com eles.

Assim, a consciência e as interações inerentes a alcançá-la são fundamentais para entender como nos relacionamos com o mundo que conhecemos. No capítulo anterior, citamos vários psicólogos sociais que estudaram a consciência, também chamada de "percepção" e "direcionamento da atenção". Embora a consciência seja fundamental, há vários níveis de consciência; esses diferentes níveis de atenção e as variações resultantes do envolvimento com objetos e fatos influenciam a intensidade da experiência resultante. A variação propicia um *continuum* de consciência que serve como estrutura subjacente para o modelo de experiência que apresentaremos neste capítulo.

A ESTRUTURA

Nossa estrutura consiste nos seguintes tipos de experiência: prosaica, atenção plena, memorável, significativa e transformadora. Esses tipos são definidos por suas características-chave, bem como pelos cinco atributos que formam um *continuum* por toda a estrutura. Começando com as experiências de atenção plena, as características-chave são cumulativas; em outras palavras, são construídas umas sobre as outras à medida que transitamos pelos diferentes tipos. Por exemplo, a principal característica das experiências memoráveis, a emoção, também é encontrada nas experiências significativas, juntamente com sua característica exclusiva, a descoberta. Ao apresentar cada tipo de experiência, primeiro identificaremos seu nome, definiremos sua característica-chave e, em seguida, discutiremos os atributos que determinam o posicionamento do tipo de experiência dentro da estrutura.

Experiências prosaicas

A menos que tenha habilidades de observação e memória como Sherlock Holmes, você provavelmente não se lembra da cor da escova de dentes que usava há três anos. Essa falta de lembrança não acontece porque você não teve oportunidades adequadas para notar a escova de dentes e memorizar a cor. Você a usava várias vezes ao dia — ou assim esperamos — por vários meses. O verdadeiro problema é que escovar os dentes é uma experiência rotineira e esquecível. Seu cérebro entra no modo piloto automático à medida que avança em sua rotina familiar de escovação, e não se dá ao trabalho de pensar: "Uau, minha escova de dentes é laranja com listras brancas nas laterais. Vou me lembrar dela para sempre".

John Dewey, renomado psicólogo e educador revolucionário, chamou essas ocorrências de "experiências prosaicas".[3] O dicionário *Merriam-Webster* define prosaico como "cotidiano, comum".[4] A maioria das experiências que temos todos os dias é prosaica. Elas acontecem no sistema de pensamento 1 de Daniel Kahneman.[5] E adivinhe? Não tem problema algum; na verdade, é algo positivo. Pense: se cada experiência que você tem no cotidiano exigisse sua atenção total e estimulasse todos os sentidos, você estaria exausto antes mesmo de sair de casa para o trabalho. Kahneman aponta que o nosso cérebro é preguiçoso e reluta em investir mais esforço do que o necessário[6]; é por isso que entra no modo piloto automático durante experiências prosaicas. Esse modo é a principal característica desse tipo de experiência.

Como designer de experiências, você deverá reconhecer a importância de planejar intencionalmente as do tipo prosaico. Elas são uma parte necessária da jornada, porém não são criadas para que os participantes se lembrem delas. Na verdade, as experiências prosaicas bem planejadas contribuem para que os usuários finais não tenham experiências memoráveis negativas, pois eliminam os pontos de contato que consomem energia mental desnecessariamente. Por exemplo, quando Mat vai ao dentista, costuma deixar o carro em um estacionamento anexo ao prédio onde fica o consultório. Percebendo que é fácil perder a noção de qual nível do estacionamento corresponde ao andar do consultório, sobretudo para pacientes que visitam o local apenas uma ou duas vezes por ano, o dentista de Mat colocou placas em cada nível do estacionamento para orientar os pacientes até o andar correto. Essa simples intervenção garante que a experiência de estacionar se torne prosaica após a primeira visita, em vez de negativamente memorável a cada checape semestral. Embora o estacionamento não tenha nada que ver com a odontologia, ele tem tudo que ver com a experiência do cliente odontológico.

Experiências de atenção plena

As experiências prosaicas se transformam em experiências de atenção plena quando nos fazem sair do modo piloto automático e nos envolvem em uma atividade mental que exige esforço. Ao fazer isso, passamos do pensamento rápido (sistema 1) para o lento (sistema 2).[7] Dewey explicou que a diferença entre as experiências prosaicas e as de atenção plena é que, durante estas últimas, algo atrai a nossa atenção e faz que cérebro saia do piloto automático para descobrir o que está acontecendo.[8] O trabalho de Kahneman indica que uma função da atividade do sistema 1 é avaliar o que está acontecendo no ambiente e determinar se há necessidade de mudar para o sistema de pensamento 2.[9]

O ato de pensar de maneira esforçada pode ser momentâneo ou contínuo; contudo, assim que você se engaja no pensamento lento, passa de uma experiência prosaica para outra de atenção plena. Por exemplo: você está caminhando da estação de metrô até o prédio do seu escritório, um percurso que faz todos os dias, quando percebe que a calçada pela qual costuma passar está bloqueada para obras. Precisará então pensar em um novo caminho, talvez atravessando a rua ou desviando por outra via. Esse pequeno ajuste fez você pensar no trajeto de forma diferente — e, sem querer, aprender uma nova alternativa para chegar ao trabalho. Quem sabe ela até seja melhor do que a sua rota habitual!

Portanto, a atividade mental esforçada é a principal característica das experiências de atenção plena. Você não está seguindo passivamente uma rotina mecânica; passou a pensar de acordo com o sistema 2. Produzir uma experiência de atenção plena requer, no mínimo, a interrupção de uma experiência prosaica. Você precisa atrair a atenção das pessoas se quiser que elas rompam com sua resposta habitual e automática. O cientista educacional Bill Nye, conhecido como *The Science Guy*, apresentou a ideia do ABC do ensino: ação antes de conteúdo.[10] A ação é o dispositivo de quebra de normas e de captação da atenção empregado para criar um momento de aprendizado.

Consideremos o caso do *briefing* de segurança de voo das companhias aéreas. Como aplicar a abordagem de Bill Nye e colocar a ação à frente do conteúdo para transformar essa experiência, tradicionalmente prosaica — sabemos que a maioria se distrai durante esses procedimentos —, em uma experiência de atenção plena? Alguma ideia?

Se você já voou bastante, provavelmente reparou na criatividade que algumas companhias aéreas mostram ao transmitir as instruções de segurança de voo. A Southwest Airlines já emprega o humor há bastante tempo para chamar a atenção das pessoas durante essas apresentações. Recentemente, várias companhias aéreas, entre as quais a Delta, a Air New Zealand e a Virgin America, começaram a produzir vídeos inteligentes e bem-humorados com o objetivo de entreter e informar os passageiros.[11] Quando ocorre uma atividade mental intensa, a experiência deixa de ser prosaica. Você também pode pensar de forma mais profunda ou concentrada e sentir uma carga emocional maior ao se engajar no sistema de pensamento 2, transformando assim uma experiência de atenção plena em algo completamente distinto.

Experiências memoráveis

Faça um breve exercício: pegue uma caneta ou lápis e liste dez das suas experiências mais memoráveis no espaço disponível nesta seção. Se você for daqueles que preferem manter seus livros, intactos, pode usar uma folha de papel avulsa.

1. ______________________________
2. ______________________________
3. ______________________________
4. ______________________________
5. ______________________________
6. ______________________________
7. ______________________________
8. ______________________________
9. ______________________________
10. ______________________________

O que faz essas experiências se destacarem em sua memória? Elas têm algo em comum? Sabendo que você provavelmente encontrará uma série de respostas para essas perguntas, sugerimos que as emoções são uma característica fundamental de todas as experiências memoráveis. Se olhar para a sua lista, talvez você consiga se lembrar claramente das emoções envolvidas em cada uma delas.

As emoções tornam as experiências de atenção plena memoráveis. Considere o seguinte exemplo. Como guia de passeios fluviais, Mat percorreu várias vezes os mesmos trechos dos rios em que trabalhou. Devido a essa repetição, ele não se lembra de detalhes específicos de cada viagem, mas sim de experiências no rio associadas a emoções: a sensação de percorrer um trecho particularmente complexo pela primeira vez, o medo quando um barco virava ou alguém caía em uma corredeira, a satisfação de sentar-se ao redor da fogueira com um grupo particularmente unido de participantes. As experiências no rio que não produziram emoções ficaram em segundo plano.

A conexão entre emoções e memórias também é fundamentada pelo trabalho de Kahneman e seus colegas, indicando que a maneira como vivenciamos um fato no momento é diferente de como o recordamos depois.[12] Embora avaliemos uma experiência momento a momento enquanto ela está ocorrendo, quando refletimos sobre ela, tendemos a recordar os picos, os vales e os finais.[13] Esse princípio é denominado "regra do pico-fim". Os momentos da experiência que produzem as emoções mais fortes também produzem as lembranças mais marcantes. É por isso que Dan e Chip Heath defendem que "não é necessário ficar obcecado por cada detalhe" de uma experiência, desde que sejam incorporados picos e finais memoráveis.[14]

Embora seja comum querer criar experiências que provoquem emoções positivas, é preciso também ter estratégias para lidar com as emoções negativas quando elas ocorrerem. Como designer de experiências, seu trabalho é manipular sinais para promover a lembrança de emoções e memórias positivas. No entanto, você deverá garantir que as pistas não levem à lembrança de memórias negativas. Por exemplo, os parques temáticos da Disney têm um plano intencional para os casos em que uma criança se perde.[15] Ele envolve os esforços coordenados dos membros do equipe em todo o parque, bem como um centro para crianças perdidas que conta com livros, jogos e vídeos para mantê-las ocupadas até que seus pais sejam localizados. Os membros da equipe são treinados para confortar e tranquilizar tanto as crianças perdidas quanto os pais. Os parques apresentam uma taxa de êxito muito alta no reagrupamento rápido de famílias, tudo isso sem precisar anunciar os incidentes aos visitantes. As equipes trabalham de forma intencional, seguindo um plano predeterminado, para transformar uma experiência negativa em positiva no menor tempo possível, controlando as emoções das crianças e dos pais, além de adotar uma estratégia para reuni-los rapidamente.

Nunca será possível eliminar por completo as experiências negativas; elas acontecerão. Parte do processo de design de experiências envolve fazer previsões sobre o que pode dar errado e definir a resposta para cada uma delas, caso venham a ocorrer. Essa abordagem pode ser levada a extremos não realistas, é claro, mas a compreensão da natureza humana o conduzirá a uma lista razoável e provável. Felizmente, as experiências que de início produzem emoções negativas podem servir como oportunidades para corrigir, proativamente, as suas falhas. Pesquisas indicam que os melhores serviços em geral começam como experiências negativas que foram intencionalmente enfrentadas e corrigidas pelo provedor.[16] Certamente, você tem exemplos pessoais de experiências ruins transformadas em boas porque alguém ou alguma organização tomou medidas corretivas rápidas e implementou uma solução eficaz.

Experiências significativas

As experiências memoráveis e significativas têm muito em comum. O sistema de pensamento 2 e as emoções são características gerais de cada um desses tipos. O traço fundamental que diferencia uma experiência significativa de uma memorável é a descoberta. As significativas nos ensinam algo sobre nós mesmos ou expandem nosso conhecimento sobre o mundo. Reveja sua lista de dez experiências memoráveis. Não surpreenderá se elas implicarem a descoberta de algo novo. As experiências significativas são importantes porque servem como elementos constitutivos de sua identidade pessoal e visão de mundo. Representam momentos em que aprendemos algo importante para nós: uma nova percepção sobre nós mesmos, um novo fato relevante ou um novo *insight* sobre um ponto de vista defendido anteriormente.

Criar experiências significativas é mais difícil do que criar os outros tipos de experiência que discutimos até agora. Em geral, as significativas resultam da cocriação, com os participantes desempenhando um papel ativo e engajado na experiência. Martin Seligman sugere que "queremos ter direito aos nossos sentimentos positivos".[17] Em outras palavras, desejamos fazer parte da aquisição de sentimentos positivos para que nossas experiências sejam de fato significativas. A cocriação facilita esse desejo.

Os participantes também precisam de tempo durante uma experiência para refletir sobre o significado do que ocorreu e as implicações pessoais. De acordo com nossa experiência profissional, isso é ainda mais acentuado quando os indivíduos têm a oportunidade de compartilhar experiências memoráveis com outras pessoas importantes para eles e quando incluem oportunidades de reflexão pessoal. Ao planejar experiências significativas, é necessário encontrar, de modo intencional, maneiras de torná-las compartilhadas e oferecer espaço para a reflexão, tanto individual quanto em grupo. Não é preciso estruturar cada momento de uma experiência com engajamentos ativos. Os pessoais reflexivos também são engajamentos! Lembra-se de nossa discussão, no capítulo 2, sobre a autonomia como uma necessidade psicológica básica? Às vezes, uma quantidade certa de tempo não estruturado, tempo para refletir sobre o que se vivenciou, pode aumentar os sentimentos de autonomia e fazer que uma experiência deixe de ser memorável e passe a ser significativa.

É preciso mencionar aqui que nem toda descoberta, ou aprendizado, ocorre em virtude de experiências significativas. Grande parte do aprendizado — senão a maior parte —, surge de experiências de atenção plena. A memorização de fatos e números raramente provoca emoção ou descoberta. Já o aprendizado que permanece com você, é outra história. Lembre-se de alguns dos professores mais influentes de sua vida; temos certeza de que eles lhe proporcionaram experiências significativas, repletas de emoções e descobertas. Na verdade, provavelmente também foram promotores de experiências transformadoras.

Experiências transformadoras

No decorrer da sua vida, certas experiências terão um efeito profundo sobre quem você é. Esses tipos de experiência são pouco frequentes e, muitas vezes, não reconhecemos sua profundidade de imediato. Isso ocorre porque as experiências transformadoras levam diretamente a mudanças pessoais originadas na própria experiência. Por exemplo: uma pessoa sofre um ataque cardíaco e, felizmente, sobrevive. Devido a isso, ela muda sua perspectiva sobre a vida e suas atitudes em relação à saúde e ao exercício físico. Essas mudanças de atitude levam a ajustes comportamentais drásticos relacionados à dieta e aos exercícios. Com o passar do tempo, esse comportamento transforma a pessoa, que se vê mudada pelo enfarte. É importante observar aqui que todas as experiências transformadoras contêm as características associadas aos tipos de experiências não prosaicas analisadas até agora: reflexão, emoção e descoberta. A nova e principal característica é a mudança significativa. Será que alguma das experiências memoráveis que você anotou em sua lista foi transformadora? Se alguma delas resultou em mudanças de perspectiva, atitude ou comportamento, então foi.

Também merece destaque o fato de que, em uma experiência transformadora, em geral, há uma ou duas microexperiências distintamente transformadoras — lembre-se da regra do pico-fim! — que tornam toda a macroexperiência transformadora. Considere o conto atemporal de Charles Dickens sobre a transformação de Ebenezer Scrooge.[18] Trata-se de uma história de encontros transformadores que levam Scrooge a mudar drasticamente seu comportamento: ao ver seu eu mais jovem escolher o dinheiro em vez do amor, por meio do Fantasma do Natal Passado, ou ao ser apresentado, pelo Fantasma do Natal Futuro, à família de Tiny Tim lamentando o falecimento deste. Graças às suas experiências fantasmagóricas de pico, ele proclama: "Honrarei o Natal em meu coração e tentarei mantê-lo o ano todo. Viverei no Passado, no Presente e no Futuro. Os Espíritos dos Três agirão dentro de mim. Não fecharei meu coração para as lições que eles ensinam!"[19] A experiência de Scrooge é transformadora porque ele se torna um novo homem e, como o narrador confirma, "Scrooge foi além de sua promessa. Fez tudo isso e muito mais".[20]

As experiências transformadoras também variam de acordo com o tipo e a duração da mudança. Considere, por exemplo, uma história hipotética de indivíduos diferentes que assistiram a um mesmo TED Talk sobre nutrição. Uma pessoa muda sua atitude em relação ao consumo de alimentos processados, mas não o bastante para mudar seu comportamento. Outra faz um ajuste em relação à alimentação e decide abandonar o açúcar, mas a resolução dura apenas uma semana. Uma terceira tem uma experiência transformadora, mais duradoura, que a coloca no caminho certo para se tornar uma triatleta profissional.

Resumindo os tipos de experiência

A estrutura consiste em cinco tipos de experiência e suas características-chave a elas associadas: prosaica (piloto automático), atenção plena (engajamento mental esforçado), memorável (emoção), significativa (descoberta) e transformadora (mudança) (figura 3.1, p. 79). Cada característica, começando com o engajamento mental esforçado, oferece uma base para as experiências subsequentes de maior complexidade. Assim, daqui em diante, chamaremos as experiências memoráveis, significativas e transformadoras de "experiências de ordem superior", pois elas exigem um investimento pessoal extra em comparação com as experiências prosaicas e de atenção plena.

Figura 3.1. Tipos de experiência e características-chave

Prosaica	Atenção plena	Memorável	Significativa	Transformadora
Piloto automático	Engajamento mental esforçado	Emoção	Descoberta	Mudança

ATRIBUTOS DA EXPERIÊNCIA

São cinco os atributos que determinam a ordem dos tipos de experiência dentro da estrutura. Esses atributos também contribuem para indicar diferenças entre as experiências — por exemplo, algo memorável contra algo muito memorável — dentro dos tipos específicos. Os atributos são frequência e impacto, novidade, envolvimento, energia necessária e resultados.

Atributo 1: frequência e impacto

Durante a sua vida, você terá um número exponencialmente maior de experiências prosaicas do que de experiências transformadoras. De fato, a frequência das experiências diminui à medida que se desloca da esquerda para a direita na estrutura. Como afirmou Jenkins Lloyd Jones, "a vida é como uma viagem em um trem de antigamente — atrasos, desvios, fumaça, poeira, cinzas e solavancos, só ocasionalmente intercalados por belas paisagens e emocionantes momentos de velocidade".[21] Todos sabemos que teremos mais experiências esquecíveis do que transformadoras. No entanto, quando se trata do design de experiências, muitas vezes se aspira a que todas sejam transformadoras.

Acreditamos que é um tanto irreal — além de ineficaz — ter como objetivo planejar apenas experiências transformadoras. Não há problema nenhum em criar experiências significativas, memoráveis, de atenção plena e, sim, até mesmo prosaicas. As pessoas nem sempre buscam experiências transformadoras. Quando se vai às compras, ninguém espera, ou deseja, ter uma experiência que mude sua vida. O que se espera, na verdade, é um processo repleto, sobretudo, de experiências prosaicas e de atenção plena, com talvez algumas memoráveis. Um designer de experiências competente sabe como combinar todos os tipos de experiência para criar uma macroexperiência positiva e bem combinada, que atenda ou exceda as expectativas dos participantes.

É importante observar também a relação inversa entre frequência e impacto (figura 3.2). São as experiências menos frequentes as que têm o maior efeito potencial, tanto negativo quanto positivo. À medida que avançamos na estrutura, o efeito potencial dos resultados da experiência aumenta. De fato, a natureza dos resultados potenciais também muda, um tópico que abordaremos posteriormente neste capítulo.

Figura 3.2. Frequência e impactos das experiências

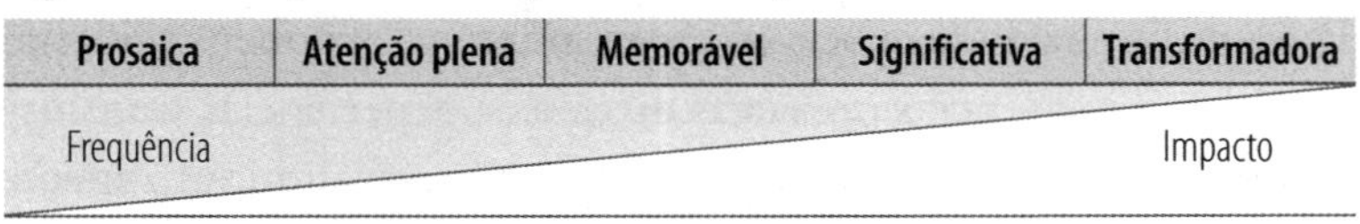

Como designer de experiências, é preciso reconhecer que os riscos aumentam à medida que se criam experiências de ordem superior. No que se refere a resultados, a recompensa de uma experiência prosaica bem elaborada é muito menor do que o efeito de uma experiência significativa, memorável ou transformadora. Ao mesmo tempo, o potencial de resultados negativos de experiências de maior magnitude também aumenta à medida que nos deslocamos da esquerda para a direita na estrutura. Nesse sentido, o design de experiências pode ser comparado a caminhar em uma corda bamba inclinada, na qual cada tipo de experiência representa um aumento na altura da corda em relação ao chão: maior risco, maior recompensa. As experiências de ordem superior exigem níveis mais altos de adesão dos participantes. Se considerarmos as características-chave, perceberemos que, quando alguém vive uma experiência transformadora, já investiu atenção, emoções, identidade, atitudes e comportamentos nela.

Esses investimentos são mais propensos a ocorrer quando os participantes cocriam a experiência com o provedor, um tema ao qual nos dedicaremos mais adiante. As experiências pontuais ou não participativas em geral não resultam em um engajamento contínuo nem no desenvolvimento de atividades duradouras. Esses tipos de experiência não são suficientemente envolventes para produzir efeitos ou participação em longo prazo; não são sustentáveis. Isso não significa que o entretenimento e os eventos únicos não possam produzir altos níveis de engajamento. Contudo, atingir esses níveis requer atenção especial no design para elaborar experiências de ordem superior nas quais os participantes se tornem atores envolvidos, em vez de espectadores passivos.

Atributo 2: novidade

O grau de novidade, é claro, está intimamente relacionado à frequência. As experiências prosaicas costumam ser menos inovadoras do que as transformadoras (figura 3.3, p. 82). Quanto mais vivenciamos algo, menos tendemos a prestar-lhe atenção — ou seja, empregamos o sistema de pensamento 1. É essa a razão pela qual as experiências podem mudar de tipo ao longo do tempo ao repetir-se a participação. A novidade desempenha papel fundamental no processo de determinar onde as experiências se enquadram na estrutura, porque sua introdução incentiva o sistema de pensamento 2. Um toque de novidade, mesmo em uma experiência prosaica, pode transformá-la em algo completamente diferente. Retomemos nosso exemplo anterior de escovação de dentes. Imagine que você compre uma escova de dentes elétrica sofisticada. A experiência prosaica de escovar os dentes agora se torna de atenção plena e talvez até memorável. De repente, o ato de escovar os dentes passa a ser inédito e divertido. Bem, ao menos por um tempo. A novidade possibilita que se atraia a atenção das pessoas, mas a experiência para a qual essa atenção é direcionada deve também propiciar oportunidades de sentir, aprender e/ou mudar, ou perderá o interesse rapidamente. A novidade sempre atinge um ponto de retorno decrescente.

Figura 3.3. Novidade da experiência

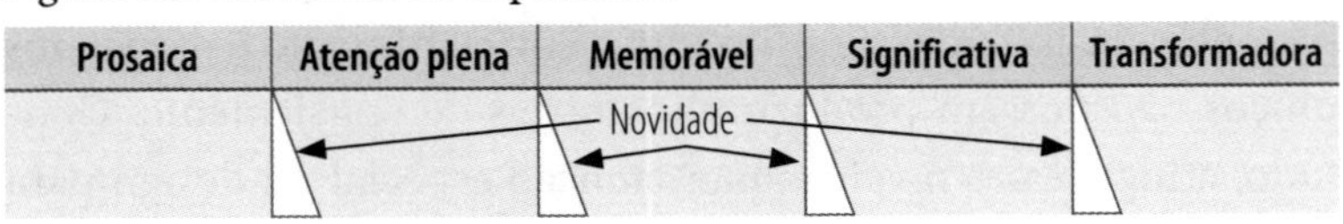

Com base em um pensamento que remonta a centenas de anos, o psicólogo Michael Eysenck cunhou o termo *esteira hedônica* para descrever o processo pelo qual os indivíduos retornam a um estado psicológico basal após vivenciarem experiências positivas ou negativas.[22] Um exemplo clássico de esteira hedônica é o efeito de ganhar na loteria. Em um estudo publicado no *Journal of Personality and Social Psychology*, pesquisadores constataram que pessoas na amostra que haviam ganhado na loteria não eram significativamente mais felizes do que não ganhadores.[23] Ainda que ganhar na loteria seja muito empolgante no início, os ganhadores tendem a voltar ao nível anterior de felicidade depois que a novidade passa.

Embora o elemento novidade possa ser uma ferramenta importante para os designers de experiências, ele só funciona quando aplicado com moderação e complementado por experiências cuidadosamente concebidas. Como observam Steve Diller, Nathan Shedroff e Darrel Rhea: "Para que as empresas alcancem uma vantagem competitiva duradoura por meio do design de experiências, suas inovações não podem se basear apenas na novidade".[24] Se você depender apenas da novidade para envolver as pessoas nas experiências que cria, ficará preso na esteira hedônica, sempre tendo de encontrar novas maneiras de infundir novidade em suas criações. Os designers de eventos geralmente caem nessa armadilha. Eles adicionam um fator "uau" para finalizar um evento, o que os obriga a criar um "uau" ainda maior para o próximo. A novidade pode ser uma estratégia útil no design de experiências, porém deve ser aplicada de maneira criteriosa e holística.

Atributo 3: engajamento

Cada tipo de experiência exige um grau diferente de engajamento do participante. Como o conceito de engajamento é abstrato, queremos apresentar algumas perspectivas teóricas para ajudar você a pensar de forma mais concreta sobre esse conceito. A primeira perspectiva é a teoria da interação simbólica, que foi desenvolvida por Herbert Blumer, baseando-se no trabalho de George Herbert Mead e outros.[25] A ideia básica do interacionismo simbólico é que atribuímos significado ao mundo ao nosso redor à medida que interagimos com ele. Em outras palavras, nada tem um significado específico até que o atribuímos a ele por meio das nossas interações. Pense no emblema de sua equipe esportiva favorita. Agora pense no emblema do rival do seu time favorito. Os significados que você associa a cada símbolo são construídos com base nas interações — ou seja, nas experiências — que você teve com esses times. Os emblemas em si não têm significado; todavia, para os torcedores desses times eles representam, simbolicamente, uma série de experiências, emoções e comportamentos. É o interacionismo simbólico em ação.

O que isso tem que ver com o design de experiências? Em um livro anterior, Bob e sua coautora, Barbara Schlatter, apresentaram um modelo de três fases (figura 3.4, p. 85) baseado na teoria da interação simbólica para descrever como os indivíduos se engajam nas experiências.[26] Na primeira fase, a percepção, os indivíduos se tornam conscientes do que está ocorrendo na experiência. Na fase 2, começam a refletir mais ativamente sobre o que estão vivenciando, processam o que ocorre e planejam várias opções de resposta. Na terceira e última fase, eles respondem e se engajam em ações cocriativas que ajudam a sustentar a experiência. Quando os indivíduos entram nessa terceira fase, eles realmente se tornam participantes, introduzindo novos pontos de contato e elementos que reforçam as interações. Assim que as interações introduzidas se resolvem, a atenção consciente pode retornar à fase de percepção, reiniciando o ciclo. Algumas experiências fazem que os participantes passem pelas três fases, enquanto outras podem nem sequer levá-los à fase 1. As experiências com alta possibilidade de interação (*affordance*), que apresentam várias opções de engajamento, têm mais chances de serem sustentadas e de ordem superior. Essa é outra maneira de modelar a diferença entre um serviço e uma experiência engajada. Um serviço termina na fase 2 porque os participantes não têm opções para engajar-se e sustentar a experiência.[27]

Você já adormeceu assistindo a um filme? Se sim, sabe como é quando uma experiência não consegue mantê-lo na fase 1 de engajamento. Entretanto, você já assistiu a um filme que o cativou a ponto de considerar a possibilidade de se envolver em novos comportamentos, ou seja, na fase 3? É fácil reconhecer o efeito dos filmes que promovem o envolvimento na fase 3. Veja,

Figura 3.4. Ciclo de ação

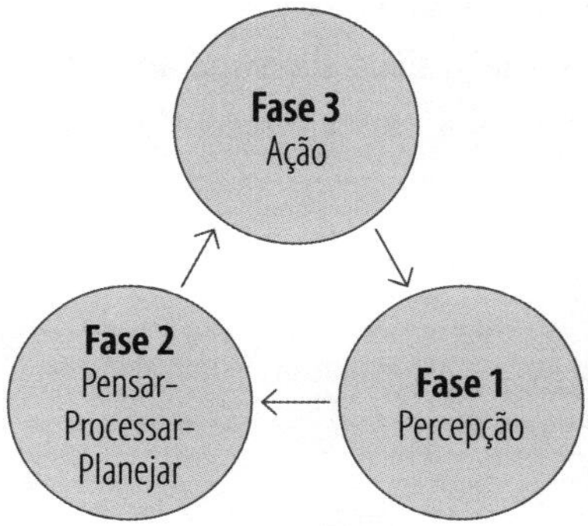

1. **Percepção:** conscientes da presença um do outro, os indivíduos copresentes registram todos os objetos da ocasião e as ações uns dos outros.
2. **Pensar-Processar-Planejar:** os indivíduos interpretam o significado de todos os objetos na ocasião por meio de uma conversa mental, autorreflexiva e internalizada, o que lhes permite alterar conceitos ou visões atuais, ou até mesmo formar planos de ação potenciais.
3. **Ação:** com base nessa interpretação, os indivíduos adotam uma resposta – uma linha de comportamento – e, ao fazer isso, afetam o curso da interação, cocriando a experiência.

Fonte: veja a nota 26 (reimpressão autorizada).

por exemplo, as tendências de comportamento associadas aos seguintes filmes:

- *De volta para o futuro* — aumento nas vendas de *skates*;
- Saga *Crepúsculo* — aumento nos implantes dentários de presas de vampiro;
- Saga *Jogos vorazes* — aumento na prática de arco e flecha;
- *Sideways — Entre umas e outras* — aumento do interesse pelo vinho *pinot noir*.

Outro exemplo: todos os anos, milhões de pessoas participam de eventos da Comic Con em todo o mundo, fantasiando-se e envolvendo-se em atividades associadas a seus filmes favoritos, um indicativo do engajamento da fase 3.

Há alguns paralelos claros entre o modelo de engajamento em três fases e os sistemas de pensamento 1 e 2 de Kahneman. O envolvimento da fase 1 é indicativo do sistema de pensamento 1, no qual a função mental está sobretudo no piloto automático, com reflexão ou pensamento profundo limitados. À medida que avança para os níveis de engajamento das fases 2 e 3, você transita para o sistema 2, que implica processos mentais mais intencionais. Dessa forma, níveis mais altos de engajamento e pensamento também estão associados a experiências de ordem superior (figura 3.5).

Figura 3.5. Engajamento na experiência

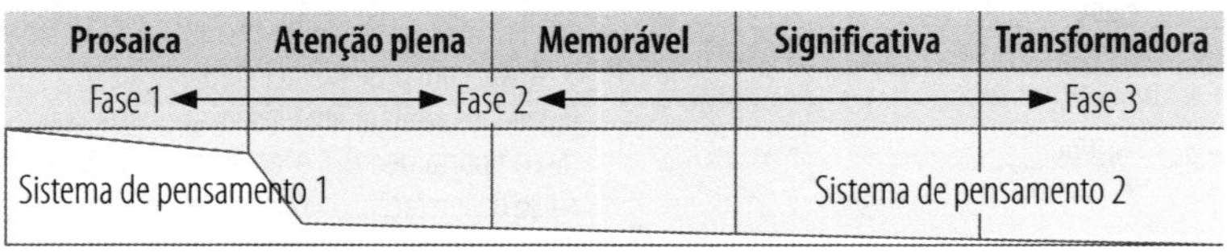

Obter um serviço, participar da maioria das ofertas de entretenimento e ser um espectador são experiências que geralmente terminam na fase 2, pois não é necessária nem permitida resposta alguma do destinatário, público ou espectador. São experiências essencialmente passivas. Embora isso seja positivo em alguns momentos, as pessoas também procurar viver experiências da fase 3. À medida que as empresas reconhecem cada vez mais a importância de oferecer experiências bem planejadas, as expectativas dos consumidores em relação a experiências de alta qualidade têm aumentado. Os mundialmente famosos Harlem Globetrotters perceberam isso. Sua principal oferta é um show com espectadores passivos. No entanto, em 2018 eles ofereceram uma atração pré-espetáculo comercializada como Magic Pass©: "Tenha mais diversão melhorando sua experiência de jogo com o Magic Pass, apresentado pela Tum-e Yummies, um evento interativo de 30 minutos!"[28]

Em geral, as experiências das fases 1 e 2 não são suficientes. Ao escrever sobre indivíduos criativos e instruídos em *A ascensão da classe criativa*, Richard Florida comenta: "Eles anseiam por estímulo criativo, mas não por fuga [...] Os membros da classe criativa preferem experiências mais ativas, autênticas e participativas, nas quais possam contribuir para sua construção".[29] Ao que tudo indica, eles procuram se engajar em experiências cocriativas!

Atributo 4: energia exigida

Ouvindo peças publicitárias atuais, poderíamos pensar que as experiências de ordem superior estão amplamente disponíveis. Os anunciantes nos seduzem com experiências maravilhosas de todos os tipos: compras, propriedades, serviços automotivos, viagens, refeições e assim por diante. Esse bombardeio, por vezes, faz que os consumidores sintam que, se não estiverem tendo experiências incríveis uma após a outra, perderão algo. Isso pode levar um designer de experiências a sentir que cada microexperiência precisa ser incrível, de ordem superior. Essa atitude, tanto do ponto de vista do participante quanto do designer, é uma ilusão. Não é necessário vivenciar, nem oferecer, um fluxo constante de experiências de ordem superior. Uma dieta constante dessas experiências seria exaustiva, pois elas demandam grande quantidade de energia emocional e mental, que são recursos limitados (figura 3.6).

Figura 3.6. Energia exigida nos diferentes tipos de experiência

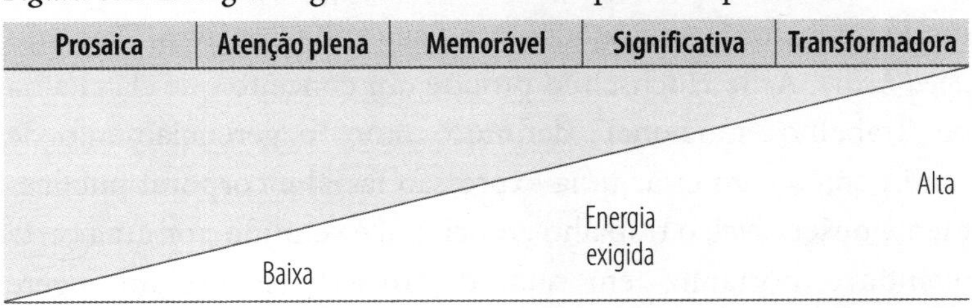

Toda experiência tem um preço emocional, mental e físico: é o "preço" de participar dela. Reflita sobre algumas experiências de ordem superior que tenha vivenciado recentemente. Imaginamos que elas exigiram mais investimento de energia pessoal do que as prosaicas ou as de atenção plena. Muitas vezes, depois de uma experiência de ordem superior, é necessário um tempo de inatividade para processar o que acabou de acontecer. Se você participasse de uma experiência de ordem superior após a outra, nunca teria tempo para processá-las.

Em algumas de suas pesquisas, Mat analisou o efeito que as experiências de estudar no exterior têm sobre os adolescentes.[30] Passar um tempo em outro país — interagir com culturas estrangeiras e vivenciar uma série de novas experiências — costuma ser algo memorável, significativo e até mesmo transformador. Curiosamente, alguns participantes da pesquisa de Mat expressaram o desejo de dispor de mais tempo para refletir sobre as experiências que estavam vivenciando. Às vezes, na tentativa de aproveitar ao máximo suas viagens, os alunos entrevistados pareciam perder a capacidade de processar suas experiências de forma adequada e, assim, possivelmente, deixavam de perceber plenamente o impacto delas em sua vida. Esse tipo de desconexão pode impedir que uma experiência memorável se torne significativa, por não haver tempo para a descoberta reflexiva.

Como já discutimos, as experiências de ordem superior só acontecem quando os indivíduos percebem e se engajam de modo intencional no que acontece à sua volta. No livro *The managed heart*, Arlie Hochschild propõe um conceito que ela chama de "trabalho emocional", definido como "o gerenciamento de sentimentos para criar uma expressão facial e corporal publicamente observável; o trabalho emocional é vendido por uma certa quantia e, portanto, tem valor de troca".[31] Hochschild sugere ainda que "há um custo para o trabalho emocional: ele afeta a maneira como que ouvimos os sentimentos e, às vezes, nossa capacidade de sentir".[32]

Os designers de experiências precisam reconhecer que algumas demandam mais energia do que outras, enquanto outras têm o efeito de recuperá-la. É possível extrair ensinamentos semelhantes com base no recente interesse acadêmico por comportamento organizacional no gerenciamento de energia. Ainda que Steven Covey e outros tenham dado início ao movimento em prol do gerenciamento do tempo há décadas, existe uma conscientização cada vez maior sobre a necessidade de não apenas gerenciar o tempo, mas também a energia. Em um artigo de 2007 da *Harvard Business Review* intitulado "Manage your energy, not your time", Tony Schwartz e Catherine McCarthy oferecem o seguinte conselho às organizações que estão tentando maximizar a eficácia de sua força de trabalho:

> Para revitalizar efetivamente a força de trabalho, as organizações devem trocar o objetivo de extrair mais das pessoas pelo de investir nelas, garantindo que se sintam motivadas — e capacitadas — a se dedicar plenamente ao trabalho todos os dias. Para recarregar suas energias, os indivíduos precisam reconhecer os impactos dos comportamentos que as drenam e assumir a responsabilidade de transformá-los, independentemente das circunstâncias que enfrentam.[33]

Schwartz e McCarthy apresentam dados de estudos conduzidos em grandes organizações que demonstram um vínculo positivo entre práticas eficazes de gestão de energia dos funcionários — como padrões de sono adequado, alimentação saudável, intervalos regulares — e o aumento da receita gerada por eles.

Conheça as demandas de energia das experiências que você cria. Assim como um compositor usa vários tempos, tons e instrumentos para criar uma sinfonia, os melhores designers de experiências incluem uma variedade de microexperiências nas macroexperiências que projetam para os participantes. Há várias opções no seu teclado; certifique-se de utilizar todas elas.

Atributo 5: resultados

Como vimos, um bom design de experiências requer a definição intencional de resultados específicos. Para isso, é fundamental compreender quais tipos de resultado você deseja que suas experiências alcancem, idealmente alinhados às necessidades e aos desejos do público-alvo. É igualmente importante entender o vínculo entre os tipos de experiência e os resultados. Com muita frequência, fazem-se afirmações exageradas sobre os resultados associados às experiências oferecidas. Evite cair na armadilha de vender promessas vazias no design de experiências. David Meerman Scott argumenta que as pessoas querem informações sinceras sobre o que você oferece, além de baseadas em fatos, não uma "exibição egocêntrica".[34] Se exagerarmos a natureza dos resultados que nossas experiências proporcionam, daremos lugar a que nossos usuários finais se decepcionem. É preciso reconhecer a ligação entre tipos específicos de experiência e tipos específicos de resultado. A questão então é: que resultados estão associados a que tipos de experiências?

O trabalho de Martin E. P. Seligman oferece uma possível resposta a essa pergunta. Em seu livro *Felicidade autêntica*, o autor discute a diferença sutil, embora extremamente importante, entre duas categorias de resultados positivos originados das experiências: prazer e gratificação. Segundo ele, os prazeres têm "componentes sensoriais e emocionais claros e fortes [...] [que] são efêmeros e implicam pouco ou nenhum pensamento".[35] As gratificações, por outro lado, surgem quando as experiências "nos capturam totalmente, [quando] ficamos imersos e absortos nelas, a ponto de perdermos nossa autoconsciência".[36] Considere, como exemplo concreto, os diferentes resultados associados a comer um sonho em comparação com ajudar alguém necessitado. A primeira experiência, de acordo com Seligman, produziria prazer; a segunda, gratificação.

Seligman faz outra distinção entre prazeres corporais e prazeres superiores. Os primeiros "são imediatos, adquiridos por meio dos sentidos e têm duração limitada".[37] Já os superiores compartilham muitas das características dos prazeres corporais, mas, como observa Seligman, são também "consideravelmente mais complexos no que se refere aos fatores externos que os desencadeiam. Eles são mais cognitivos e também mais numerosos e variados do que os prazeres corporais".[38] Além disso, o autor classifica os prazeres superiores com base na intensidade, que varia entre o de baixo nível — como conforto e harmonia — e o de alto nível — como arrebatamento e euforia.

As gratificações, no entanto, são um pouco mais difíceis de definir conceitualmente do que os prazeres.

Seligman observa:

> Quando insisto para que as pessoas falem sobre a emoção positiva do prazer que supostamente sentem ao servir café para os sem-teto, ler Andrea Barrett, jogar bridge ou escalar uma montanha, elas se mostram bastante evasivas... É a total absorção, a suspensão da consciência e o fluxo que as gratificações geram que definem o gosto por essas atividades — não a presença do prazer.[39]

Pense em nossa discussão sobre a teoria do fluxo no capítulo 2 e reflita sobre as experiências indutoras de fluxo que você já teve. São exemplos de momentos em que você vivenciou a gratificação.

Voltemos a pensar nos tipos de experiência e nos resultados. As ideias de Seligman sobre prazeres e gratificações se encaixam muito bem na estrutura (figura 3.7). Como vimos, as experiências de ordem superior são construídas com base nas características e nos atributos de suas primas de ordem inferior. Em outras palavras, as experiências memoráveis envolvem reflexão e emoção, enquanto as significativas envolvem reflexão, emoção e descoberta. Usamos a mesma lógica cumulativa quando pensamos em tipos de resultado das experiências. Dessa forma, propomos que todos os tipos de experiência podem produzir prazeres corporais. No entanto, os superiores estão associados apenas aos tipos de experiência de atenção plena e de ordem superior. As significativas e transformadoras são o único domínio das gratificações. Seligman observa ainda que:

> [A gratificação] não pode derivar do prazer corporal, tampouco consiste em um estado que possa ser quimicamente induzido ou alcançado por quaisquer atalhos. Só é possível obtê-la por meio de atividades condizentes com um propósito nobre. [...] Os prazeres têm que ver com os sentidos e as emoções. As gratificações, entretanto, estão relacionadas à atuação de forças e virtudes pessoais.[40]

Figure 3.7. Tipos de experiência e resultados

Prosaica	Atenção plena	Memorável	Significativa	Transformadora
Prazeres corporais	→	→	→	→
	Prazeres superiores	→	→	→
			Gratificações	→

Como as gratificações estão intimamente ligadas aos pontos fortes e às virtudes pessoais, também é importante reconhecer que é mais provável que esses resultados surjam da cocriação ativa entre designers e participantes.

ESTRUTURA + ATRIBUTOS

Então, aí está. Cinco tipos de experiência e cinco atributos (figura 3.8). Não esperamos que essa estrutura, em sua forma atual, seja a última palavra sobre os tipos de experiência; pretendemos, sim, ao menos apresentar uma estrutura útil e aplicável para orientar a prática atual e promover mais discussões. A estrutura dos tipos de experiência demonstra a base psicológica destas, que não foi totalmente explorada e utilizada em outros textos sobre o tema. Acreditamos que a experiência e o design de experiências são mais bem compreendidos quando fundamentados na bibliografia de caráter psicológico.

Figura 3.8. Estrutura dos tipos de experiência

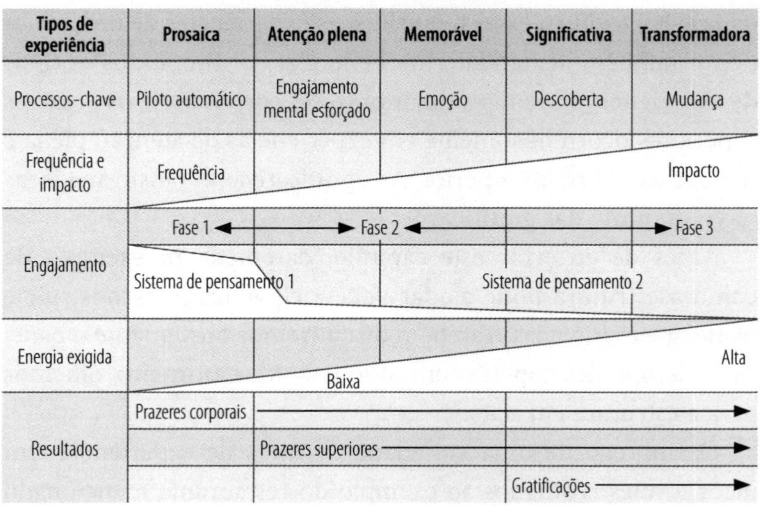

As informações incluídas foram complementadas por meio de nosso trabalho com o design de experiências. A estrutura ajudará você a desenvolver uma compreensão mais rica da natureza dos tipos de experiência e dos aspectos que deverá considerar ao criá-las. Cada tipo é classificado por sua característica definidora: prosaica / piloto automático; atenção plena / engajamento mental esforçado; memorável / emoção; significativa / descoberta; transformadora / mudança. As experiências de ordem inferior ocorrem com mais frequência do que as de ordem superior. No entanto, a magnitude potencial do impacto aumenta à medida que nos deslocamos da esquerda para a direita na estrutura. A novidade é, na maioria das vezes, um estímulo pontual que atrai o interesse e consegue, no início, prender a consciência dos indivíduos a ponto de possibilitar uma experiência de ordem superior, caso a experiência também ofereça oportunidades de sentir, aprender e/ou mudar. As experiências de ordem superior exigem um envolvimento cognitivo mais intenso, ou seja, o sistema de pensamento 2, a cognição reflexiva da fase 2 e a ação intencional da fase 3. Devido a esses requisitos, as experiências de ordem superior também demandam mais energia. Por fim, todos os tipos de experiência podem produzir prazeres corporais; já os prazeres superiores ocorrem somente em experiências de atenção plena e nas outras de ordem superior. As significativas e transformadoras são o domínio das gratificações.

Antes de encerrar este capítulo, daremos um exemplo de como a estrutura pode ajudar você a classificar, desconstruir e planejar experiências. Também discutiremos brevemente o papel que o tempo desempenha em tudo isso. Mas, primeiro, olhemos para a estrutura em ação.

O emprego de uma variedade de tipos de experiência tem picos e vales. Voltemos ao exemplo do restaurante mencionado no capítulo 1, no qual dividimos a macroexperiência em suas microexperiências. Podemos recorrer à estrutura para classificar cada uma das microexperiências em um dos cinco tipos. Esse processo permite que, como designer de experiência, você tenha uma visão bem mais clara e uma compreensão mais rica da macroexperiência de visitar um restaurante. Pode-se analisar, de maneira crítica, a sequência, o fluxo e a frequência dos diferentes tipos de experiência para melhor orquestrar a macroexperiência. Talvez você esteja se dedicando em excesso a tornar algumas microexperiências memoráveis quando elas deveriam ser simplesmente prosaicas. Também é possível que existam microexperiências que poderiam ser facilmente transferidas da categoria atenção plena para a memorável.

Ao identificar uma microexperiência que deseja transferir da categoria atenção plena para a memorável, utilize a estrutura como guia para certificar-se de que está incluindo as características e os atributos necessários das experiências memoráveis em seu design. Por exemplo, se decidir que deseja tornar a experiência de leitura do cardápio mais do que apenas uma oportunidade de saber o que está disponível e quanto custa, pense em maneiras de tornar essa leitura uma experiência mais emocional. Entre as ideias possíveis estão: espalhar piadas irônicas por todo o cardápio para induzir o humor, incluir charadas para produzir sentimentos de realização ou definir um tema para conectar os leitores a memórias emocionalmente ricas, como tradições de feriados ou épocas históricas. Nos próximos capítulos, discutiremos em profundidade como usar o design *thinking* para criar novas ideias de experiências e prototipá-las, bem como inserir elementos artísticos — por exemplo, temas — no processo de design. Por enquanto, esperamos que esses exemplos da estrutura na prática lhe deem uma ideia de sua utilidade.

Lembre-se de que o tempo pode alterar a perspectiva dos tipos de experiência. A categorização de uma experiência é fluida, pois sua avaliação pode mudar conforme as percepções se transformam ao longo do tempo. Embora experiências transformadoras sejam reconhecidas como tal apenas posteriormente, outras, inicialmente memoráveis, significativas — ou até mesmo transformadoras — podem se tornar prosaicas à medida que o tempo passa e a repetição entra em cena. Considere seu primeiro dia em um novo emprego. Provavelmente foi uma experiência memorável — tudo era novo e empolgante. Com o passar do tempo e a rotina, ir para o trabalho todos os dias se tornou uma experiência de atenção plena ou prosaica.

É interessante que as pesquisas demonstrem que as experiências prosaicas podem se transformar em experiências de ordem superior com o passar do tempo. As provas disso foram apresentadas recentemente em um estudo conduzido por Ting Zhang, da Universidade de Harvard, no qual os participantes escreveram sobre acontecimentos pessoais, porém comuns, de sua vida.[41] Sete meses depois, eles releram essas descrições. Muitos ficaram surpresos com o significado que essas reflexões mundanas haviam adquirido com o tempo. Como observou um participante: "Reler o relato de fazer coisas comuns com minha filha certamente alegrou meu dia. Estou feliz por tê-lo escolhido como tema de meu texto em razão da incrível alegria que ele me proporciona neste momento".[42] O mundano havia se tornado significativo. Os autores também observam que a facilidade de registrar e compartilhar memórias imediatas por meio das redes sociais pode atenuar esse efeito de amadurecimento, pois o foco passa a ser inteiramente o ato de documentar, deixando pouco espaço para a reflexão. Eles sugerem que "pesquisas futuras deveriam enfocar o equilíbrio ideal entre aproveitar o presente à medida que ele se desenrola e documentar o presente para aproveitá-lo no futuro".[43]

RESUMO: DIFERENCIANDO OS TIPOS DE EXPERIÊNCIA

Neste capítulo, passamos da discussão da experiência em termos gerais para a discussão de tipos específicos de experiência.

Propusemos e definimos cinco tipos de experiência, cada uma delas com diferentes características e atributos definidores. A estrutura pode ajudar você a pensar nos diferentes tipos de microexperiência que podem ser empregados na composição de cada macroexperiência. Prestar atenção aos detalhes de cada microexperiência permitirá que você orquestre melhor a macroexperiência geral. Também identificamos atributos associados a cada tipo de experiência. Considere essas características e atributos como possíveis ingredientes no design de cada tipo específico de experiência. Saber como os diferentes atributos contribuem para cada tipo e em que grau isso ocorre ajuda a manter os esforços de design e preparação focados em proporcionar aos usuários finais a microexperiência pretendida. Em seguida, voltamos nossa atenção para os principais elementos de todas as experiências, aqueles que são básicos que você utilizará para orquestrar as experiências. Eles serão as peças essenciais para as experiências que você elaborará.

PARTE DOIS

O *toolkit* do designer de experiências

EMBORA O TÓPICO DAS experiências tenha recebido muita atenção, a forma de projetá-las sistematicamente merece uma análise mais aprofundada. Nosso principal objetivo ao escrever este livro é abordar essa questão. Grande parte da bibliografia existente exalta as virtudes das experiências e cataloga aquelas bem-sucedidas usando exemplos de estudos de caso. Há 25 anos vimos desenvolvendo um processo que pode ser adotado para planejar experiências de forma intencional. Nesta seção, compartilharemos esse processo com você, juntamente com conteúdo complementar dos principais especialistas em design *thinking* e experiência do cliente. Trata-se de um processo sólido que pode ser utilizado para projetar novas experiências ou desconstruir experiências existentes a fim de aprimorá-las. Os capítulos a seguir apresentam os principais tópicos que você precisará entender para projetar experiências com sucesso: *experiencescape*, design *thinking*, mapeamento de experiências e gabaritos de pontos de contato.

CAPÍTULO 4

A *experiencescape*

QUANDO MAT E SUA esposa, Chenae, estavam procurando uma casa para comprar antes de começarem a trabalhar em um novo emprego, o corretor de imóveis enviou-lhes fotos de uma casa em um bairro cobiçado. No quintal da casa, havia uma grande pedra de granito que parecia ter cerca de 1,80 m de altura e 1,80 m de largura, uma pedra bem grande. Embora o restante do quintal estivesse coberto de vegetação e não pudesse ser visto com clareza, Mat e Chenae ficaram intrigados com a ideia de ter no quintal, como peça de destaque, uma grande pedra com que seus filhos pudessem brincar. Acabaram comprando essa casa e, logo em seguida, iniciaram o processo de paisagismo do quintal.

Embora fosse um empreendimento empolgante era, ao mesmo tempo, desgastante. Nem Mat nem Chenae tinham experiência em projetos paisagísticos. Eles tinham uma noção de como queriam que o jardim ficasse e ambos dispunham de alguns conhecimentos básicos sobre plantas e árvores, mas sabiam que havia muitas coisas sobre o tema que não conheciam. Felizmente, indicaram-lhes um promissor estudante universitário de paisagismo, que usou seus conhecimentos de jardinagem para elaborar um design intencional e prático para o quintal. Com esse projeto em mãos, Mat e Chenae deram vida ao tão sonhado quintal, com a pedra de granito como elemento central — e, sim, seus filhos adoram brincar nela.

Assim como a criação de um projeto para o quintal parecia assustadora para Mat e Chenae por não compreenderem todos os elementos necessários do paisagismo, o design de experiências também pode parecer intimidador se não houver uma compreensão dos principais elementos das experiências. No capítulo 1, definimos o conceito — lembra-se de nossa discussão sobre micro e macroexperiências? —, mas não explicamos um aspecto fundamental do design de experiências: o espaço em que elas ocorrem e os elementos em jogo nesse espaço. Então, onde ocorrem as experiências? Embora "em toda parte" seja uma resposta tecnicamente correta, um designer precisa ser mais específico. Também seria possível responder: "Ocorrem na mente das pessoas". No entanto, embora as experiências sejam percebidas de maneira pessoal, isso também não ajuda do ponto de vista do design. Gostamos do que Tom O'Dell afirma sobre o local onde as experiências ocorrem:

> Os espaços nos quais as experiências são encenadas e consumidas podem ser comparados a paisagens estilizadas: são estrategicamente planejados, dispostos e projetados, [...] paisagens de experiência — *experiencescapes* — que, além de serem organizados pelos produtores [...], também são ativamente procurados pelos consumidores.[1]

Observe as palavras que O'Dell utiliza para descrever o espaço onde as experiências ocorrem: estrategicamente planejado, disposto, projetado e organizado. Todas essas palavras falam da intencionalidade necessária para criar paisagens de experiência, ou *experiencescapes*, um termo que Bob começou a usar na década de 1990 para ajudar as pessoas a pensarem de forma mais concreta sobre as configurações de experiência.[2]

Assim como um arquiteto paisagista organiza intencionalmente os elementos — irrigação, árvores, arbustos, flores, grama

— para projetar paisagens, os designers de experiências organizam intencionalmente elementos-chave para criar *experiencescapes.*[3] Uma *experiencescape* oferece aos indivíduos um ambiente estruturado no qual podem se engajar em experiências. Esses elementos formam um "sistema de atividade situado"[4], onde ocorrem as interações de uma experiência. Pense na *experiencescape* como um palco e os participantes como atores. Você projeta a estrutura do palco utilizando os elementos-chave, por exemplo, iluminação, cenário, pano de fundo, música; em seguida, os atores sobem ao palco e interagem com a estrutura do espaço que você criou e entre si. Essa interação entre os elementos desse espaço e os atores que nele estão é o que cria a experiência. Neste capítulo, explicaremos como usar os principais elementos da experiência para projetar *experiencescapes.*

Em um livro anterior, Bob trabalhou com Barbara Schlatter para identificar seis elementos que têm sido empregados com sucesso há mais de 25 anos para projetar experiências de lazer.[5] O trabalho de outros acadêmicos interessados em experiências continuou confirmando a aplicabilidade dos seis elementos.[6] Acreditamos que, com algumas adaptações, eles podem servir como ponto de partida para definir os que são aplicáveis a todas as *experiencescapes.* Na próxima seção, apresentaremos nossa versão dos seis elementos delas e discutiremos sua relevância para o design de experiências.

ELEMENTOS DA *EXPERIENCESCAPE*

As *experiencescapes* são compostas por seis elementos: pessoas, lugar, objetos, regras, relações e marcação (tabela 4.1, p. 104). Cada um deles é único e importante — tão importante que, se um for alterado, a experiência muda radicalmente. Em toda experiência, alguns elementos são mais importantes do que outros, mas cada um deles deve ser considerado no design. Em alguns casos, um ou mais elementos podem ser definidos antes do início do processo de design. Por exemplo, o elemento *pessoas* pode já estar determinado, como no caso de experiências de pré-escola, nas quais os participantes predeterminados são crianças de 4 e 5 anos. Embora como designer você deva aceitar esses dados, é possível criar experiências exclusivas por meio da modificação dos elementos restantes, pois, ao modificar um único elemento, você poderá alterar profundamente a experiência como um todo.

Tabela 4.1. Os seis elementos da *experiencescape*

Elemento	Descrição
Pessoas	Todos os indivíduos envolvidos na experiência, inclusive participantes e organizadores, estejam eles fisicamente presentes ou não.
Lugar	O local no espaço físico e no tempo cronológico em que a experiência ocorre.
Objetos	Objetos físicos, sociais e simbólicos que desempenham um papel reconhecido na experiência.
Regras	As regras que influenciam as experiências, de leis codificadas a expectativas sociais.
Relações	As relações que as pessoas na experiência compartilham e que influenciam suas interações.
Marcação	A coreografia da localização e do movimento das pessoas em uma experiência.

Pessoas

As pessoas desempenham papel central em todas as experiências. Lembre-se de nossa discussão anterior sobre atenção consciente:

as experiências existem porque as pessoas estão cientes delas. Se ninguém estiver ciente de uma experiência, ela não acontece. Devido aos vínculos sociais que podem ocorrer nas experiências, também é possível argumentar que, se os participantes certos não fizerem parte dela, não será possível atingir os resultados sociais possíveis. Proporcionar uma experiência bem-sucedida depende diretamente do envolvimento das pessoas certas.

As empresas de cruzeiros, por exemplo, entendem esse princípio e tentam comunicar claramente a natureza de suas viagens. Algumas são voltadas para famílias, outras não. Em suas excursões em terra, informa-se claramente o rigor da caminhada necessária para completar o trajeto. Os fabricantes de brinquedos infantis têm um sistema para indicar a faixa etária adequada para cada um de seus produtos, a fim de ajudar os pais a garantir que comprem itens adequados à idade de seus filhos. Abranger tudo o que seria útil saber sobre as pessoas é uma tarefa enorme, maior do que podemos abordar neste livro. Combinar o grupo certo de pessoas com a experiência e projetá-la para um grupo específico são algumas estratégias usuais.

Nesta seção, vamos ajudá-lo a começar e a se motivar para aprender o máximo possível de maneira prática. Entender as experiências das pessoas é tão essencial que, no capítulo 6, aprofundaremos técnicas para alcançar esse entendimento, abordando as *personas* dos participantes.

Conhecer as motivações daqueles que participam de uma experiência é um bom ponto de partida para determinar a adequação entre pessoa e experiência. O que seus potenciais participantes esperam obter de determinada experiência? A resposta para essa pergunta costuma ser óbvia. As pessoas vão à igreja para ter uma experiência religiosa. Muitas igrejas têm ampliado as oportunidades de participação dos congregados no culto para oferecer uma experiência mais autêntica. Portanto, ao entender as razões pelas quais as pessoas participam da sua proposta, você aumentará as chances de atender aos desejos delas com um design adequado ao objetivo. No entanto, descobrir as motivações nem sempre é simples. Indivíduos que participam da mesma experiência geralmente têm motivações diferentes e relatam resultados variados.

Uma ampla gama de características torna as pessoas diferentes umas das outras: variáveis socioeconômicas, de gênero, idade e etnia, para citar apenas algumas. Há ainda as variáveis de desempenho, como o nível de habilidade dos indivíduos em relação à experiência em questão. Aquelas que forem criadas para especialistas serão muito diferentes das criadas para iniciantes.

Imaginamos que, ao ler esta seção, você esteja pensando sobretudo nos potenciais participantes. Isso é ótimo, pois eles são importantes. Contudo, você precisará pensar em todas as pessoas envolvidas na encenação da experiência. Por exemplo, um jogo de futebol americano universitário, obviamente, tem os jogadores como protagonistas; porém os técnicos, árbitros, líderes de torcida, equipe, espectadores e membros da imprensa, todos têm papéis diferentes a desempenhar. Se você levar em conta antecipadamente como planejará as funções desses vários indivíduos como parte da experiência mais ampla, ela será melhor para todos os envolvidos. A equipe na linha de frente, em geral, é um elemento decisivo em uma experiência. Certifique-se de que eles saibam o que se espera deles, que tenham as habilidades necessárias para realizar as tarefas que lhes forem atribuídas e compreendam claramente como suas ações contribuirão para as experiências dos usuários finais.

Além disso, dependendo da experiência, indivíduos ausentes podem influenciar o comportamento dos presentes. Por exemplo, o desempenho de uma vocalista será influenciado pelo que seu professor de canto lhe ensinou. As crianças serão influenciadas pelo que seus pais lhes transmitiram. Essa categoria também inclui as pessoas que proporcionam a experiência e não estão fisicamente presentes. Mais adiante, chamaremos essas pessoas de "colaboradores de bastidores". O número de envolvidos poderá rapidamente se tornar alto se considerarmos todas as pessoas associadas à concretização de uma experiência; algumas delas, porém, serão mais importantes do que outras.

O estilista que cria um vestido de noiva, por exemplo, exerce um papel de maior destaque no sucesso de uma recepção de casamento do que a pessoa que cortou as árvores transformadas na treliça usada como pano de fundo da cerimônia. Por outro lado, os melhores designers de experiências levam em conta a importância do papel que os principais colaboradores de bastidores têm no processo. Em alguns casos, suas funções formam uma história secundária interessante que poderá contribuir para a experiência geral. Isso será discutido com mais detalhes neste livro.

Esperamos tê-lo convencido da importância de saber tudo que puder sobre as pessoas que farão parte da experiência proposta. Para isso, empregue os recursos disponíveis para aprender o máximo possível sobre elas. Geralmente, devido à falta de informações, os designers de experiências trabalham partindo da própria perspectiva em vez de adotar a dos participantes.

Lugar

No livro *Design for Dasein*, Thomas Wendt discute o significado alemão da palavra *Dasein*: *da* significa "aqui/ali", e *sein* "ser/estar".[7] E acrescenta: "*Dasein* é o ser situado".[8] Portanto, a tradução direta do título de seu livro seria "Design para uma instância situada de interação". Acreditamos que os seis elementos que apresentamos neste livro situam o ser no tempo e no espaço. Eles são as principais matérias-primas que o designer de experiências utiliza para criar uma experiência situada e estruturada. O lugar é um desses elementos e desempenha papel crucial, pois abrange tanto a localização temporal quanto a física, situando o ser, ou a existência da experiência, no tempo e no espaço. É interessante que a pesquisa atual sobre a fisiologia do cérebro na contabilização e no registro de experiências tenha se concentrado nesses dois elementos: o espaço, onde a experiência ocorre, e a marcação do tempo dos vários encontros ou pontos de contato que compõem a experiência.[9]

Um bom exemplo da importância da localização temporal são as experiências que dependem de datas específicas, como feriados e aniversários. O Natal é sempre em 25 de dezembro. O ano-novo é sempre em 1º de janeiro. O dia de São João é sempre em 24 de junho. As experiências associadas às tradições e aos rituais desses dias não seriam as mesmas se ocorressem em datas diferentes. Embora alguns prefiram esquecer o aniversário, para outros trata-se de uma comemoração que não pode ser transferida ou compensada mais tarde. Em alguns casos, os criadores de experiências tentam aproveitar a aura desses dias especiais realizando-os também em outras épocas do ano. Para bem ou para mal, em lugares como Austrália e Nova Zelândia há celebrações de Natal em julho; há ainda as pessoas que comemoram meio aniversário e assim por diante. Essas experiências, no entanto, quase sempre parecem cópias baratas do original.

Muitas delas dependem da hora do dia. Os cultos de Páscoa ao amanhecer são, obviamente, realizados quando o sol nasce. A celebração do ano-novo ocorre à meia-noite em cada fuso horário. O *brunch* faz a ponte entre os horários reservados para o café da manhã e o almoço. Embora tudo isso possa parecer óbvio, é importante reconhecer que o horário é um elemento importante em seu *toolkit* de design de experiências. Agendar um programa em um horário diferente ou incomum do dia, porém, pode acrescentar emoção e variedade. O golfe noturno, jogado com bolas que brilham no escuro, é uma mudança inovadora em relação a como e quando o jogo ocorre normalmente. Não é divertido o bastante para se tornar a norma, mas de vez em quando é agradável.

Voltemos agora o foco para o local físico de uma experiência. O *local*, termo utilizado para descrever o ambiente físico em que a experiência ocorre, tem efeito significativo sobre a experiência. Cada local terá elementos facilitadores e restritivos. Alguns locais são icônicos: a Times Square na véspera do ano-novo, por exemplo. As pessoas vivenciam o *réveillon* todos os anos, mas celebrá-lo ali é um evento novo e memorável para muitos. Outros locais não têm associações significativas óbvias, o que permite que os designers de experiências comecem com se fosse sobre uma folha em branco.

Ao selecionar um lugar físico, deve-se pensar cuidadosamente em todas as características de um local que são discerníveis por meio dos cinco sentidos: paladar, olfato, visão, tato e audição. Pensar intencionalmente nas características sensoriais do local da experiência é extremamente importante, pois os seres humanos são programados para prestar atenção e lembrar de ambientes físicos, sobretudo aqueles onde ocorreram experiências importantes. O paladar e o olfato são gatilhos de memória particularmente poderosos.

Mat adora a cena do filme *Ratatouille*, da Disney, em que o crítico gastronômico Anton Ego aparece para escrever uma avaliação sobre o restaurante do protagonista. Servem-lhe então um prato francês aparentemente pouco inspirador e provinciano chamado *ratatouille*. No entanto, na primeira mordida, o sabor transporta Anton de volta ao calor, à familiaridade e ao amor da cozinha de sua mãe. Nesse momento, sua refeição no restaurante se torna indelevelmente associada a lembranças caras da infância; por isso, mais tarde, ele escreve uma resenha entusiasmada. Que sabor e que aroma você deseja que suas experiências tenham? Não é coincidência que a Main Street na Disneylândia tenha cheiro de *waffle* e de pipoca recém-estourada. Esses aromas são espalhados artificialmente por toda essa área do parque porque contribuem de modo significativo para a experiência.

A visão é simples: qual é a aparência do espaço? É limpo? O *layout* visual do local físico é compatível com a experiência? Em certas situações, o designer precisará planejar cuidadosamente a mudança da aparência e a sensação de um local por meio da decoração. Os planejadores de eventos, incluindo os de casamentos e outros similares, dedicam-se bastante a detalhes como flores, arranjos de mesa, louças, iluminação e outras formas de alterar um local para que ele contribua para a experiência pretendida.

Qual é a sensação do espaço ao toque? Bob costumava pedir a seus alunos que identificassem experiências nas quais o tato tinha papel fundamental ao relembrar a experiência. Os alunos sempre identificavam duas delas. Uma era dançar em shows. Eles diziam adorar a sensação de dançar em uma multidão compacta, ao ritmo da música. A segunda era passar tempo na praia. Gostavam de sentir a areia entre os dedos dos pés, a brisa agradável do ar úmido do oceano na pele, a sensação da água salgada seca no corpo e a da água do chuveiro que a removia. O toque é importante, muitas vezes de maneiras inesperadas.

Que som você deseja que sua experiência tenha? Esse fator inclui o volume e os tipos de som. Sem dúvida, você já teve experiências em que os níveis de som eram muito altos ou muito baixos, e é incrível como esse elemento pode prejudicar algo que, de outra forma, seria excelente. Pense cuidadosamente no que você quer que as pessoas ouçam durante as diferentes partes da experiência. Se espera que elas conversem entre si e houver música tocando, verifique que não esteja muito alta. Se quiser abafar as conversas, coloque a música em um volume mais alto.

Se conseguir acertar os elementos da localização física, você terá uma boa base para proporcionar uma excelente experiência. Em alguns casos — por exemplo, se estiver criando uma experiência orientada pelo produto —, você talvez tenha pouco controle sobre o local. No entanto, talvez você consiga fornecer orientações a respeito dos locais mais e menos adequados para o uso do produto. Embora alguns telefones celulares recentes possam ser utilizados em praticamente qualquer lugar, a maioria dos eletrônicos portáteis menores, que precisam ser conectados à tomada, recomenda que não sejam usados no banho.

O que apontamos nesta seção é simples, mas fundamental: se você transformar o lugar, mudará a experiência. Imagine uma caminhada em uma floresta tropical e outra em uma montanha, com uma leve neve caindo. Ambas as experiências envolvem caminhadas, mas elas são muito diferentes, e essa diferença está no ambiente. Simplificando: o lugar é muito importante.

Objetos

Um objeto é tudo aquilo que pode atrair a atenção e ser acionado. Essa classificação inclui objetos físicos, sociais e simbólicos. Os objetos físicos são óbvios: é possível vê-los e tocá-los. Os sociais são as outras pessoas. Os simbólicos são conceitos ou ideias que influenciam as interações nas experiências. O patriotismo, a competitividade e a religiosidade são todos objetos simbólicos que nos motivam a agir de maneiras específicas.

No basquete, objetos de cada uma dessas categorias influenciam as interações no jogo. A bola, a tabela e a cesta, bem como a quadra, são os principais objetos físicos. Os objetos físicos secundários são os uniformes e os tênis — e os de grife atuais têm aumentado a ênfase dada a eles. Os jogadores, os membros da equipe contrária, o técnico, os árbitros e os torcedores são os principais objetos sociais. Por fim, as regras, as estratégias de jogo ensinadas pelo técnico e o relógio são os principais objetos simbólicos. Coletivamente, eles governam as interações dentro do jogo e tanto restringem quanto fomentam a qualidade geral da experiência.

Em alguns esportes, o foco está nos objetos físicos usados no jogo. Por exemplo, os fabricantes de tacos e bolas de golfe competem ferozmente para promover seus produtos entre os praticantes do esporte. No basquete, porém, pouca atenção é dada ao fabricante da bola, do aro, da rede ou da tabela. Como o jogo costuma ser disputado sob as mesmas regras, o foco do basquete está nas habilidades diferenciadas dos jogadores e nas estratégias de jogo exclusivas elaboradas por diferentes técnicos. Nesse cenário, os técnicos são os criadores das experiências dos jogadores. Eles contribuem para o resultado recrutando bons jogadores, preparando-os fisicamente, motivando-os e desenvolvendo excelentes estratégias de jogo. As técnicas de treinamento físico são bem conhecidas e em geral praticadas de forma semelhante pela maioria das equipes. Deixando o recrutamento de lado, a principal contribuição de um técnico de basquete é proporcionar aos jogadores estratégias exclusivas para jogar e motivá-los a vencer — ambos objetos simbólicos.

Compare isso com o automobilismo, no qual o resultado é fruto da interação entre a habilidade dos pilotos, a competência da equipe nos boxes e o desempenho dos carros. Os melhores pilotos têm habilidades de direção semelhantes e, embora haja certa estratégia em relação ao momento da corrida mais adequado para os *pit stops*, isso pode mudar em função de acidentes que resultam em períodos de bandeira amarela. O desempenho do veículo é responsável por grande parte da diferença no resultado, o que significa que o automobilismo depende muito do objeto físico principal da experiência: o carro de corrida.

Nosso argumento é que o designer de experiências deve saber como esses diferentes tipos de objeto contribuem com elas e as influenciam. Isso pode se tornar muito importante ao prever e criar uma experiência ligada a um produto. O fabricante presume que o produto será o foco e que determinará as experiências nas quais será usado. Contudo, talvez não seja esse o caso. Compreender as experiências que o produto proporcionará é fundamental para determinar os recursos que ele oferece, bem como para as estratégias de marketing desenvolvidas para promovê-lo. Talvez você já tenha visto anúncios de tacos e bolas de golfe, mas raramente de bolas de basquete, por exemplo. No capítulo 10, discutiremos em detalhes o design de um produto para viabilizar uma experiência.

As pessoas desempenham o papel de objetos sociais nas experiências. Como são capazes de ter um comportamento autorreflexivo e consciente, os outros oferecem mais possibilidades de interação durante uma experiência do que qualquer outro objeto. É preciso levar em conta as demais pessoas envolvidas nas experiências, refletir e interpretar o que elas comunicam e desenvolver sua linha de resposta a elas, dependendo da interpretação. Você também é influenciado por pessoas que não estão presentes na experiência. Seu comportamento, como reage aos outros, é, até certo ponto, guiado por uma série de normas e convenções sociais que foram aprendidas por meio de sua rede de relações. Essas influências coletivas no comportamento têm sido chamadas de "outro generalizado". Cada pessoa tem uma combinação única dessas influências, embora algumas sejam previsíveis. Por exemplo, certa vez Bob estava na China em um passeio fluvial com outros conterrâneos. Na última noite, cada grupo de cada país deveria cantar uma música. O grupo em que Bob estava decidiu cantar "Take me out to the ball game". O coordenador chinês do passeio não ficou surpreso. Disse a Bob que 95% dos grupos de americanos cantavam essa música! Esse fato era previsível de forma quase absoluta.

Outra ilustração desse fenômeno do "outro generalizado" é o conceito de equipe. Voltemos ao exemplo do basquete. Em geral, o jogador faz jogadas e se movimenta na quadra prevendo para onde e de que maneira os colegas de equipe se movimentarão. Nesse caso, a equipe influencia o comportamento de um indivíduo. Um designer de experiências deve estar ciente de quaisquer "outros generalizados" que possam estar presentes em uma experiência e prever suas prováveis influências. Por exemplo, em um Dia de Ação de Graças, a esposa de Bob convidou uma estudante holandesa para jantar com a família. Ela pediu a Bob que colhesse flores para a mesa de jantar. Bob respondeu que era quase certeza que a europeia traria flores para a anfitriã. De fato, a jovem levou flores para a esposa de Bob naquele jantar.

Regras

As experiências são orientadas por uma série de regras, que variam de leis estabelecidas a costumes sociais. Seus efeitos devem ser previstos e incorporados ao projeto de uma experiência. Em alguns casos, um designer de experiências pode precisar criar regras adicionais para aumentar a probabilidade de que uma *experiencescape* produza o tipo pretendido de experiência e os resultados associados. Examinemos os vários níveis de regras que podem influenciar as interações em uma experiência.

O nível mais alto de regras inclui as leis do país, do estado e das autoridades locais. Na maioria dos casos, é razoável esperar que os indivíduos que participam da sua experiência conheçam as leis. Em outros, porém, o designer da experiência precisará lembrar às pessoas sobre leis específicas que podem afetar a experiência. Por exemplo, talvez bebidas alcoólicas e fumo não sejam permitidos em determinados locais. Em viagens internacionais, muitas vezes é importante lembrar às pessoas sobre leis específicas ou diferentes nos países que visitarão.

O segundo nível de regras é composto pelas normas sociais. Há inúmeras cortesias que regem nossas interações cotidianas: cumprimentar uns aos outros, fazer fila para ser atendido, revezar-se em uma sala de aula ou dar preferência a idosos e pessoas com deficiência ao sentar-se. Na sociedade multicultural de hoje, as experiências são povoadas por diversos grupos que podem ter normas sociais diferentes. Essas e outras diferenças do gênero precisam ser previstas e conciliadas no design antes da preparação da experiência.

Um terceiro nível de regras envolve aquelas que podem ser exclusivas de uma experiência específica. Em jogos, por exemplo, quase sempre há um conjunto de regras que rege a forma como são jogados. Em esportes organizados e outros jogos mais formalizados, as regras quase sempre tentam garantir que o vencedor seja o que melhor apresentou o que está sendo disputado. Assim, no basquete, a equipe com mais pontos demonstrou que seus jogadores são superiores em corrida, passe, rebote, drible e assim por diante, o que resulta na obtenção dos melhores arremessos e do maior número de pontos. Ocasionalmente, uma equipe com menos habilidade vencerá. Na maioria dos casos, porém, a equipe que tiver melhor desempenho nas habilidades relevantes conquistará a vitória.

Quando uma equipe desenvolve uma estratégia que parece dar a seus jogadores uma vantagem injusta ou inconsistente quanto às habilidades no jogo, as regras costumam ser alteradas.

No basquete, o técnico Dean Smith, da Universidade da Carolina do Norte, desenvolveu o ataque de quatro cantos para desacelerar a partida e reduzir a pontuação geral. Os jogadores assumiam posições, um em cada canto do lado ofensivo da quadra, com um jogador "flutuando" no meio. Eles simplesmente passavam a bola uns para os outros sem se mover em direção à cesta e sem intenção de marcar. No atual ritmo acelerado do basquete, essa abordagem parece incompreensível. Entretanto, a estratégia de desacelerar o fluxo do jogo por meio da posse da bola por longos períodos, em alguns casos, impedia que os jogadores adversários com maior habilidade no arremesso marcassem pontos e vencessem. As regras foram alteradas com a implementação de um cronômetro de arremessos, que limita o tempo que uma equipe pode ficar com a bola no ataque, invalidando assim a estratégia dos quatro cantos.

Em jogos menos formais, como os de tabuleiro, quase sempre há uma interação interessante entre habilidade e sorte que determina o resultado. O mecanismo de sorte é introduzido porque o jogo é disputado por pessoas com diferentes habilidades, e incluir o acaso para influenciar parcialmente o resultado iguala a possibilidade de qualquer jogador ganhar. Por exemplo, o uso de dados ou roletas tem o objetivo de incorporar o acaso nesses jogos. Os dispositivos de sorte podem ser empregados para determinar a posição inicial ou o número de avanços que um jogador pode fazer.

Cobras e Escadas, por exemplo, é um jogo de tabuleiro cujo resultado depende inteiramente do acaso. Assim, adultos podem jogar com crianças e cada jogador tem uma chance de ganhar, até mesmo a criança. No xadrez, por outro lado, a vitória depende quase totalmente da habilidade. O mecanismo de ampliação de chances como determinante do resultado pode ser muitas vezes empregado no design de uma experiência, a fim de aumentar o interesse quando pessoas com habilidades desiguais estiverem participando juntas.

O quarto nível de regras envolve as funções sociais que os indivíduos desempenham em uma experiência. Uma função social abrange o conjunto de comportamentos, direitos e obrigações que acompanham uma posição específica. Em situações formais, essas funções são explícitas. No basquete, técnicos, jogadores, árbitros e espectadores têm expectativas específicas quanto à função. Entre os próprios jogadores, os atacantes, armadores e pivôs têm funções — ou expectativas — específicas a desempenhar de várias maneiras. No local em que o jogo está sendo disputado, haverá bilheteiros, encarregados da organização, socorristas e pessoal de segurança. As funções que cada um desses grupos de pessoas desempenha são bem definidas e diferentes.

As funções também existem em experiências menos formais, mas podem não ser tão bem definidas. Uma importante decisão de design é a margem de manobra que deve ser atribuída aos funcionários da linha de frente no desempenho de suas funções. No início das operações da Disneylândia, todos os operadores de brinquedos recebiam instruções explícitas. A sua função em relação aos visitantes era bem definida e, em geral, tinha um roteiro que contribuía com o tema exclusivo da atração específica. A única exceção eram os guias da atração Jungle Cruise, que podiam desenvolver piadas e roteiros próprios. Por esse motivo, os funcionários da Disney cobiçavam os empregos na Jungle Cruise.

Os responsáveis por viagens turísticas guiadas cumprem suas funções para atender às expectativas dos clientes. Em geral, os turistas esperam que o líder: cuide deles em um ambiente desconhecido, garanta uma viagem segura, atue como guia até os pontos mais importantes e compartilhe conhecimentos sobre os locais visitados. O ritmo dessas viagens e a quantidade de informações fornecidas, em geral, variam muito, conforme as escolhas de atuação feitas pelos líderes de turismo. Em resumo, as regras têm grande importância nas experiências. Ao projetar *experiencescapes*, deve-se conhecer as leis relevantes, as normas sociais e as regras e expectativas de função específicas da experiência.

Relações

Os designers de experiências devem prever e levar em conta as relações preexistentes entre os participantes e a possível influência que elas podem exercer sobre a experiência. Os três arranjos mais comuns são: pessoas que já se relacionam — amigos e familiares —, pessoas sem relação preexistente e grupos mistos em que algumas pessoas se conhecem, mas outras não.

A primeira questão a ser resolvida é se as relações têm algum efeito sobre a experiência. As pessoas podem vivenciá-la sem interagir com os participantes que as acompanham? Geralmente é esse o caso. O público em um cinema, por exemplo, é diversificado, mas não é necessário que todos se conheçam antes do início do filme. Em outros casos, como em um almoço de casamento, as relações são importantes e merecem atenção específica no design.

Um segundo aspecto a se considerar é se a experiência será aprimorada pelo fato de os participantes se conhecerem. Em caso afirmativo, o design precisará incluir mecanismos para propiciar isso. Por exemplo, em eventos esportivos, grupos de familiares e amigos costumam comparecer junto com um grande número de pessoas que não se conhecem. A única relação que esses grupos diversos têm entre si é o fato de serem torcedores de um time específico. Em geral, os mecanismos de design de experiências empregados nessa situação têm como objetivo apenas melhorar a relação dos participantes como torcedores. As cores do time, os emblemas, os hinos, os gritos de guerra e outros mecanismos semelhantes são usados para ajudar esses diferentes indivíduos a interagirem como torcedores. Na maioria das vezes, não se busca fazer que eles socializem em qualquer outra dimensão, e os grupos preexistentes podem aproveitar a experiência em paralelo, tanto como familiares e amigos, quanto como torcedores.

Caso não haja necessidade de que as pessoas se conheçam, tentar forçar esse ponto é, em geral, contraproducente. Elas vieram com membros da família ou amigos, e forçá-las a expandir esse grupo muitas vezes prejudica seu desejo de aprofundar as relações familiares e de amizade. Seria bem estranho se alguém as obrigasse a circular, apresentando-se a todos em um restaurante, antes de pedir a refeição. Em outras situações, porém, as pessoas precisarão se conhecer para participar plenamente da experiência.

Por exemplo, em uma viagem fluvial de vários dias, as balsas usadas provavelmente acomodarão mais pessoas do que as dos grupos preexistentes inscritos. Os grupos em cada balsa precisam se conhecer para funcionar como uma equipe remando rio abaixo e colaborando nas tarefas do acampamento todas as noites. Por isso, os guias devem adotar medidas específicas, como atividades para quebrar o gelo, a fim fortalecer o espírito de equipe.

Marcação

O elemento final da *experiencescape*, a marcação, envolve a estruturação de como as pessoas se movimentarão no tempo cronológico e no espaço físico dentro da experiência. É esse movimento no tempo e no espaço e o papel afetivo que os participantes assumem no movimento que torna a experiência um fenômeno humano único.[10] O filósofo francês Claude Romano afirma que "a experiência, em seu sentido fundamental, é aquilo que, ao ser posto em jogo por nós mesmos, nos transforma profundamente, de modo que, após atravessá-la, suportá-la e passar por ela, nunca mais seremos os mesmos".[11] Wolff-Michael Roth e Alfredo Jornet, que escrevem sobre educação científica, enfatizam que a experiência é única porque se movimenta no tempo e no espaço e implica a interação afetiva entre os participantes.[12]

Imagine um *set* de produção cinematográfica em que os cinco elementos estejam no lugar e todos estejam esperando que o diretor grite "ação". Quando ele emite esse grito, a movimentação no filme começa. Até então, ele não passa de uma fotografia estática. O processo pelo qual o diretor determina onde e como as pessoas se movimentam no *set* é a "marcação". Os designers de experiências devem estruturar intencionalmente essa marcação para influenciar a sequência e o fluxo no tempo e no espaço e, assim, pôr a experiência em movimento.

Examinemos outro exemplo, desta vez de um museu de arte. Atualmente, são três os métodos empregados para fazer as pessoas circularem pelas galerias. O primeiro é uma visita autoguiada, que permite que os visitantes percorram a galeria em ritmo próprio e vejam o que quer que venha a seguir ou façam escolhas por meio de um guia impresso. O segundo método é uma visita com o auxílio de áudio previamente planejado, que oferece comentários sobre cenários predeterminados e segue uma estratégia para destacar quais elementos serão apontados para observação. O terceiro é uma visita guiada conduzida por um monitor ou membro da equipe. Em geral, este último formato implica observar menos elementos, mas ouvir comentários mais detalhados sobre cada um. É isso: três experiências distintas em um museu de arte, cada uma diferenciando-se das outras pela forma como é feita a marcação.

Os museus de arte, assim como outros tipos de museu, tentam lidar com técnicas de marcação que transformam uma experiência predominantemente passiva, de espectador, em participativa. O livro *The participatory museum*, de Nina Simon, é um chamado para que se repense a forma como as pessoas vivenciam os museus e as instituições culturais.[13] Ela reflete: "De que maneira as instituições culturais podem se reconectar com o público e demonstrar seu valor e relevância na vida contemporânea? Acredito que poderiam fazer isso convidando as pessoas a se envolverem ativamente como participantes culturais, e não como consumidores passivos".[14] O livro traz várias sugestões excelentes, todas voltadas para a criação de oportunidades de participar de experiências em vez de apenas consumi-las passivamente. Os museus de ciências, em especial, têm se empenhado em oferecer experiências participativas que ilustram e ensinam vários conceitos científicos.

Existem outros métodos de marcação? Já identificamos um deles: ter um líder designado. Trata-se de uma forma consagrada pelo tempo e que, provavelmente, é a mais usada. Entre os exemplos de líderes designados estão professores de sala de aula, pastores, técnicos esportivos, capitães de times, diretores de teatro e guias turísticos. Como essa abordagem exige a contratação de pessoal, pode ser o método de marcação mais caro. Atualmente, muitas organizações utilizam monitores e voluntários para liderar, a fim de manter os custos baixos. Ter um líder designado é, de fato, uma maneira segura de animar uma experiência. E, em alguns casos, o líder é o elemento-chave nela. As pessoas pagarão um preço mais alto para participar de um programa sobre finanças pessoais liderado por Dave Ramsey ou Suze Orman. Embora muitas experiências sejam animadas por líderes, é claro que nem todos eles são iguais!

O ritmo de uma experiência também é um componente da marcação. Há um famoso episódio do antigo programa televisivo *I love Lucy*, ambientado em uma fábrica de doces, em que a linha de produção, de início lenta, acelera repentinamente e Lucy e sua amiga Ethel não conseguem acompanhar o ritmo. Para evitar esse cenário na experiência que for criar, você precisa se assegurar de que o ritmo promova a experiência desejada. O ritmo de uma viagem ou passeio destinado a idosos ou crianças afetará o prazer dos participantes. Recentemente, Bob participou de um cruzeiro em que os grupos de passeio a pé eram designados como rápidos ou regulares em função da capacidade de locomoção dos participantes. As pessoas podiam escolher de qual grupo participariam. Após o primeiro dia, várias pessoas mudaram de grupo com base na experiência do dia anterior. Em excursões, igualmente, o guia sempre enfrenta a tensão entre oferecer muitas informações sobre poucas atrações ou ser mais breve e abranger um maior número delas. Alguns participantes gostam de receber informações, enquanto outros querem ver uma variedade maior de atrações.

Outro método de marcação que ainda não discutimos é o mecânico. Os parques de diversões o adotam para fazer que as pessoas percorram suas diversas atrações. Os visitantes se deslocam em algum tipo de assento temático, como um barco ou avião, e são transportados ao longo de uma trilha de algum tipo. De certa forma, essa abordagem é semelhante à linha de montagem de Henry Ford. As pessoas percorrem a linha de montagem e observam várias exposições mecânicas ao longo do caminho, e o que se produz é uma experiência. Algumas dessas atrações não permitem muita interação entre os participantes, embora as mais novas estejam incorporando oportunidades de interação para torná-las mais envolventes e, assim, proporcionar uma experiência mais sustentável. Por exemplo, várias atrações da Disney baseadas na franquia de filmes *Toy story*, como Buzz Lightyear's Space Ranger Spin e Toy Story Midway Mania, permitem que os passageiros atirem em alvos designados. As pontuações individuais dos visitantes são registradas e publicadas no final de cada passeio, acrescentando elementos de cocriação e competição à experiência.

O tempo também pode ser usado como dispositivo de marcação. Muitos esportes e outros eventos relacionados a jogos empregam um relógio de contagem regressiva para dar dinamismo ao andamento de uma experiência. *Games* de computador e vivências de realidade virtual também avançam no tempo por meio de um relógio de contagem regressiva. A restrição de tempo cria expectativa e entusiasmo, além de permitir que os participantes saibam de antemão quanto tempo a experiência durará.

Outros mecanismos para implementar a marcação abrangem livretos de orientações e uma sinalização que indica um percurso ponto a ponto em determinada atração. Um designer de experiências deve prever a necessidade de marcar a experiência e aplicar um método apropriado. Ser capaz de visualizar uma experiência e participar indiretamente dela é uma ferramenta essencial de que os designers precisam para efetivamente marcar uma experiência. Discutiremos esse tópico com mais detalhes no capítulo 7.

A ONIPRESENÇA DA INTERNET E DAS REDES SOCIAIS

No mundo de hoje, o papel da tecnologia precisa ser levado em conta ao se realizar o design de uma experiência. Embora não tenhamos acrescentado a tecnologia como sétimo elemento, sua onipresença, representada pelos dispositivos móveis e pelas redes sociais, não pode ser ignorada. Os potenciais participantes provavelmente ficarão sabendo da experiência oferecida por meio de alguma forma de rede social, poderão se inscrever usando seus dispositivos móveis e, com frequência, avaliarão a experiência e falarão sobre ela com os amigos por meio das redes sociais. David

Meerman Scott oferece excelentes conselhos sobre esse tópico em *The new rules of marketing & PR*. De acordo com Scott, a internet é a principal fonte de informações para bilhões de indivíduos em todo o mundo[15], e seu principal dispositivo de acesso é o telefone celular.[16] Scott oferece várias dicas úteis para os designers de experiência, entre elas:

- a internet tem proporcionado acesso a pequenos grupos de clientes potenciais de nicho que antes não eram acessíveis;
- os usuários da internet procuram informações e conhecimento, não hipérboles sobre ofertas;
- para estar bem posicionado na internet, é preciso entender as palavras-chave que seus compradores utilizam e aplicá-las em seus textos.

A lista anterior deriva do trabalho de Scott.[17] Além de explicar as novas regras, esse livro também ensina o leitor a lidar com elas para ter acesso aos potenciais clientes de suas experiências. Conceber uma experiência excelente é fundamental, e é o que estamos lhe ensinando a fazer. Contudo, você também precisa divulgar bem suas experiências para obter consumidores reais. Scott explica como fazer isso.

RESUMO: A INFINITA VARIEDADE DE COMBINAÇÕES DA *EXPERIENCESCAPE*

Todas as experiências ocorrem em *experiencescapes*, que são compostas por seis elementos fundamentais; se você mudar um, acabará alterando toda a experiência. Ao modificar as regras de um jogo, você terá mudado o jogo por inteiro de alguma forma. Se você substituir os jogadores em uma partida, modificará suas estratégias, seus recursos técnicos e assim por diante. Esses elementos são as principais peças disponíveis para ajudar você a criar intencionalmente uma *experiencescape* e produzir a experiência que pretende. Neste capítulo, introduzimos também a ideia de que você precisará ser capaz de comercializar sua experiência pela internet para ter êxito.

Em muitos casos, o designer de experiências recebe um ou mais elementos e pede-se a ele que manipule os demais para criar uma experiência. Por exemplo, talvez você receba um produto específico — um objeto que deverá atuar em uma experiência — e lhe peçam que crie uma experiência ou experiências para as quais o produto poderia contribuir. Discutiremos isso em detalhe no capítulo 10, por meio do exemplo do desenvolvimento de um produto voltado para experiências de golfe. Talvez você receba o local — um pesqueiro, por exemplo — e lhe peçam que desenvolva experiências para criar um fluxo de receitas para a empresa. As combinações são infinitas, mas esses elementos proporcionam uma estrutura fundamental em torno da qual seus esforços de design estarão organizados. À medida que desenvolvemos suas habilidades no design de experiências, apresentaremos um processo para aplicar esses seis elementos. No próximo capítulo, explicaremos como os princípios e processos do design *thinking* podem ser empregados no design de experiências.

CAPÍTULO 5

Design *thinking* aplicado ao design de experiências

No CAPÍTULO 1, MENCIONAMOS a seguinte definição sobre o que significa realizar o design de algo: é "a capacidade de imaginar aquilo que ainda não existe, para fazê-lo aparecer de forma concreta como acréscimo significativo ao mundo real"[1]. Neste capítulo, queremos apresentar uma metodologia, denominada design *thinking*, que ajudará você a infundir inovação no design de suas experiências. Quando alguém se dedica ao design de experiências, embora muitas vezes se inspire em outras já realizadas, está criando algo novo e exclusivo. Aventurar-se no desconhecido tendo apenas a criatividade como guia pode energizar alguns, mas paralisar outros.

Muitos veem a criatividade como uma habilidade adquirida ao nascer. Ou se é criativo ou não se é. Esse mito, como tantos outros relacionados a talentos, tem sido amplamente refutado.[2] Embora fatores genéticos e ambientais influenciem as diferenças inatas nas propensões criativas, por meio do engajamento voluntário em vários problemas de design de experiências é possível desenvolver a própria criatividade. Assim como os músculos se fortalecem com a prática regular de exercícios, a capacidade criativa se amplia quando surgem oportunidades frequentes de aplicação.

No livro *Confiança criativa*, Tom e David Kelly defendem de forma excepcional que qualquer pessoa pode aumentar sua capacidade de se engajar em um trabalho criativo.[3] Alguns podem parecer mais naturalmente criativos. Porém, é provável que isso se deva ao fato de terem dedicado mais tempo a atividades criativas. Essas pessoas praticaram criatividade, o que significa que, decerto, também tiveram seu quinhão de fracassos criativos, e isso é normal.

Com muita frequência, quando se trata de criar algo novo, presume-se que seja necessário atingir a perfeição na primeira tentativa. Isso simplesmente não é verdade. A criatividade é desordenada. Um produto final criativo e refinado quase sempre é construído sobre uma base de tentativas anteriores imperfeitas. Isso se aplica a quase todas as grandes descobertas artísticas ou científicas. Pense no caso de Thomas Edison — alguém que, sem dúvida, não tinha medo do fracasso. Ele passou por milhares de tentativas infrutíferas até inventar a lâmpada incandescente. Seus fracassos abriram o caminho para sua posterior invenção, que mudou o mundo.

Concedemos a você a liberdade de ser imperfeito(a) ao criar experiências. Esperamos que ocorram muitos fracassos ao longo do caminho, contanto que você prossiga. Na verdade, falhar com rapidez e frequência é um princípio fundamental de todos os atos criativos, inclusive o design de experiências, porque é assim que se compreende o que está funcionando e o que precisa ser mais bem desenvolvido.[4] Para colher os benefícios do fracasso, você deverá estar disposto(a) a compartilhar suas ideias antes que estejam prontas, e assim receber feedback desde o início do processo. Neste capítulo, mostraremos como utilizar um processo de inovação testado para lidar com o intricado problema do design de experiências.

PROBLEMAS PERVERSOS

O design de experiências é complexo. Como designer, você precisa situar os elementos da *experiencescape* a fim de produzir resultados percebidos como desejáveis para os participantes, para outros *stakeholders* importantes e para si mesmo(a). Há diversos elementos envolvidos no planejamento de uma experiência que visa produzir resultados intencionais direcionados a um grupo específico. Isso é que torna o design de experiências um exemplo clássico de um problema perverso.

O artigo "Dilemmas in a general theory of planning", de 1973, chamou a atenção para o conceito de problemas perversos.[5] Nesse estudo, Horst Rittel e Melvin Webber contrapõem o que denominam problemas domesticados aos problemas perversos. Os domesticados são bem definidos e têm soluções claras. Os autores usam uma equação matemática simples como exemplo de um problema domesticado. A tarefa em questão — por exemplo, 2 + 2 = 4 — é clara, e só existe uma solução correta. O termo "perverso" não indica a natureza moral de um problema, mas sua complexidade. Ao contrário dos problemas domesticados, os perversos podem ser únicos, são difíceis de definir, carecem de uma solução clara e singular — ou de um ponto de parada — e envolvem um grupo diversificado de *stakeholders* cujas prioridades podem ser conflitantes.

Os problemas de design de experiências estão relacionados às pessoas; portanto, são inerentemente perversos devido à complexidade do comportamento humano. Rittel e Webber, assim como muitos outros, sugerem que problemas complexos (ou perversos) devem ser abordados de forma diferente daqueles bem definidos (ou domesticados). Os problemas perversos, inclusive o design de experiências, exigem metodologia própria. Neste capítulo, utilizaremos o design *thinking* para organizar, de forma sequencial, o conteúdo e as ferramentas abordados até agora em uma metodologia para enfrentar problemas complexos de design de experiências, a qual denominamos "design *thinking* aplicado ao design de experiências".

DESIGN THINKING

Nos últimos 20 anos, o design *thinking* tem recebido cada vez mais atenção por ser uma abordagem acessível e amplamente aplicável para resolver problemas complexos, sendo um processo ideal para orientar o design de experiências. A seguir, apresentaremos informações básicas sobre o design *thinking*, discutiremos cada fase e, em seguida usaremos esse processo para proporcionar uma estrutura sequencial ao conteúdo de design de experiências exposto até aqui. Encerraremos o capítulo com uma introdução oficial ao processo do design de experiências.

David Kelly, que foi um dos fundadores tanto do Hasso Plattner Institute of Design da Universidade de Stanford, conhecido como d.school, quanto da empresa de design IDEO, teve um papel essencial na síntese de estudos prévios sobre o processo de design e propôs uma metodologia formalizada chamada design *thinking*, cujo foco nos valores humanos é a mentalidade essencial. Outro termo usado em conjunto com essa metodologia é *human-centered design*, ou design centrado no ser humano. A ideia fundamental nesse conceito é que não se pode planejar nada a menos que se desenvolva empatia pelos participantes-alvo.

Os melhores designers de experiências são empáticos. Eles procuram ativamente entender as perspectivas de seus participantes e as utilizam como influência orientadora em todo o processo. Também são propensos à progressão, o que significa que avançam rapidamente sem se apegar a pontos específicos.

Para obter mais informações sobre os princípios subjacentes ao design *thinking*, recomendamos que visite os sites da d.school e da IDEO.[6]

Há várias estruturas diferentes para o design *thinking*, mas preferimos o processo de cinco estágios adotado pela d.school:

- Empatizar
- Definir
- Idear
- Prototipar
- Testar[7]

Os cinco estágios costumam ser apresentados como uma sequência linear; na prática, porém, geralmente ocorrem como parte de um processo cíclico. As subseções a seguir fornecem mais detalhes sobre cada fase.

Empatizar

No capítulo 4, quando abordamos a importância de entender as pessoas que participam de uma experiência, prometemos técnicas para fazer isso. Aprender a ter empatia por seus participantes é uma delas. O dicionário *Merriam-Webster* define empatia como "a ação de compreender, estar ciente, ser sensível e vivenciar a fundo os sentimentos, pensamentos e experiências de outra pessoa".[8] Para se envolver no design *thinking*, você precisará conhecer seus participantes e investir o tempo e os recursos necessários para compreendê-los.

É fácil simplesmente criar uma experiência que você acha que seria desejável, em vez do que os participantes realmente precisam ou querem. Dedicar tempo para desenvolver empatia pelos participantes ajuda a visualizar a experiência que está sendo criada do ponto de vista deles.

Desenvolver empatia ao criar experiências para outras pessoas é especialmente importante porque os resultados dependerão das percepções delas. Lembre-se do que Clay Shirky afirmou: os participantes esperam que a sua presença seja importante no desenrolar da ação de uma experiência. No capítulo 1, apresentamos uma figura (p. 36), derivada do trabalho de Mat e seus colegas da Universidade Brigham Young, representando a interação entre os participantes e os elementos de uma experiência; essa figura gera resultados visíveis.[9] No artigo associado a essa figura, Mat e seus colegas, baseando-se em um conjunto de publicações interdisciplinares, identificaram os seguintes elementos que influenciam essa interação:

- Relações: qualquer vínculo que os participantes tenham com indivíduos, presentes ou ausentes, que influenciem sua percepção da experiência. Por exemplo, os contatos de redes sociais dos participantes que compartilham opiniões sobre a experiência são importantes.
- Pensamentos: qualquer processamento cognitivo relevante relacionado à experiência. O que os participantes pensam sobre o tipo de experiência que você planeja oferecer?
- Emoções: sentimentos que os participantes trazem para a experiência ou desenvolvem durante o processo. Como eles se sentem em relação às experiências que você planeja oferecer?
- Valores: opiniões éticas e morais dos participantes. Será que eles têm crenças éticas ou morais preexistentes sobre as experiências que você planeja oferecer?
- Atividades: ações físicas e mentais realizadas antes da experiência ou durante o seu decorrer. Quase sempre se refere ao conhecimento e à habilidade adquiridos em experiências

anteriores, que influenciariam a forma como os participantes percebem a atual.

- Memórias: todas as lembranças relevantes de interações anteriores que possam influenciar as interpretações dos participantes sobre a experiência atual.
- Características pessoais: dados demográficos e aspectos psicográficos relevantes.[10]

Depois de identificar quem serão seus participantes, certifique-se de reunir o máximo possível de informações sobre eles. Para adquirir empatia pelos possíveis participantes, considere observá-los em seu contexto cotidiano. Se possível, tente assisti-los participando de experiências como a que você espera criar. Além disso, interaja com eles. Faça perguntas para coletar informações sobre seus pensamentos, relações, emoções, atividades, valores, memórias e características pessoais. Isso pode ser feito por meio de pesquisas, em entrevistas formais ou observando os participantes e conversando com eles. Tome notas e tire fotos, ou seja, procure fazer tudo o que for possível para captar percepções e sintetizar suas descobertas.

Um ótimo exemplo dos benefícios de criar empatia pelos participantes vem de um artigo clássico do professor da Faculdade de Administração de Harvard Clayton Christensen e colegas, intitulado "Finding the right job for your product" [Encontrando o trabalho certo para o seu produto].[11] No artigo, os autores descrevem como a coleta de dados observacionais sobre consumidores finais proporcionou à sua equipe de pesquisa percepções empáticas sobre o "trabalho" que as pessoas "contratavam" ao comprar *milk-shakes*. Quando uma grande rede de *fast-food* quis melhorar as vendas desse produto, convidou a equipe de Christensen para auxiliá-los a identificar quais atributos dos *milk-shakes* os clientes mais apreciavam.

Um dos membros da equipe decidiu observar o processo de compra e consumo da bebida. As conclusões extraídas dessas observações foram as seguintes: a maioria das pessoas comprava os *milk-shakes* pela manhã; era o único item que adquiriam; elas entravam sozinhas e saíam da loja para saborear o produto. Dessa forma, a equipe percebeu que os compradores eram pessoas que precisavam de algo para consumir enquanto dirigiam para o trabalho. Nada de ovos e bacon! Esse *insight* foi o resultado direto de dedicar o tempo necessário para entender as experiências dos usuários finais e o trabalho que os *milk-shakes* eram "contratados" para realizar, ou seja, oferecer-lhes um café da manhã para viagem.

Os bons designers de experiências sabem que é essencial cultivar empatia pelos participantes. John Connors, vice-presidente de desenvolvimento de eventos da Bigsley Event House, acredita que a capacidade de empatia é a característica crucial dos grandes profissionais da área.[12] Dedicar tempo para adquirir um conhecimento profundo das pessoas para as quais se pretende fazer o design terá um efeito profundo na qualidade das experiências criadas.

Definir

Depois de internalizar um senso de empatia com seus participantes, é hora de definir as necessidades mais urgentes que você espera atender com a experiência. A d.school explica o objetivo da etapa "definir" como

> sua chance [...] de definir o desafio que está enfrentando, com base no que conseguiu aprender sobre o usuário e o contexto. Depois de adquirir um conhecimento sólido sobre o assunto e

criar empatia inestimável pela pessoa para a qual está elaborando o design, esta etapa consiste em dar sentido às diversas informações que você reuniu.[13]

O primeiro passo da etapa "definir" é organizar e sintetizar os dados sobre empatia. Uma maneira de fazê-lo é por meio de um mapa de empatia, ferramenta que foi originalmente desenvolvida por Dave Gray.[14] Para criar seu mapa de empatia simplificado, desenhe um círculo no meio de uma folha de papel ou em um quadro branco. No meio do círculo, escreva o nome da pessoa sobre quem você reuniu os dados. Divida o restante do círculo em quatro quadrantes (figura 5.1). Rotule os quadrantes com as palavras "pensa", "sente", "diz" e "faz". Agora, organize suas descobertas escrevendo as informações em notas adesivas e colocando-as nos quadrantes em que se aplicam.

Figura 5.1. Mapa da empatia

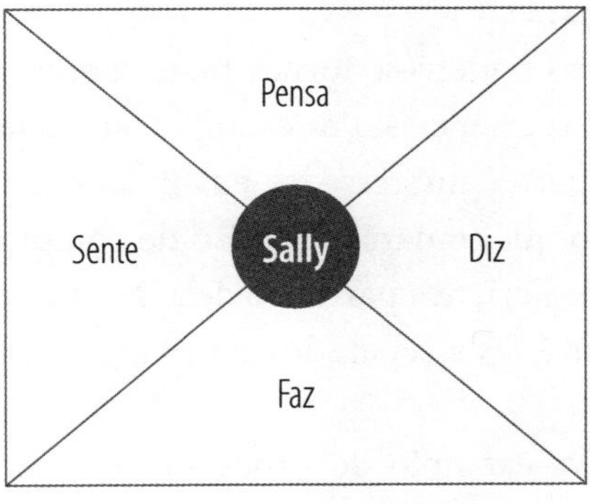

Ao concluir o mapa de empatia, você terá uma lista das necessidades identificadas e dos potenciais *insights* obtidos durante o processo, que serão usados para criar o que a d.school chama de enunciado *point of view* [ponto de vista], ou POV.[15] Um enunciado POV é "a reformulação de um desafio de design em uma declaração executável do problema".[16] Utilize o seguinte critério de avaliação para criar enunciados POV:

"[Usuário] precisa [necessidade do usuário] porque [*insight* surpreendente]".[17]

Desenvolver o POV correto é fundamental para o restante do processo. Portanto, invista o tempo necessário para estruturar um bom ponto de vista. Analise as informações sobre empatia coletadas para identificar as necessidades mais urgentes e os *insights* mais relevantes. Em seguida, enxugue os dados, concentrando-se em até três pontos exclusivos essenciais a abordar. Se você não conseguir se concentrar nesse ponto, surgirão diversos problemas a ser enfrentados e não haverá recursos suficientes para desenvolver os principais temas de sua experiência. Se ainda estiver com dificuldades, redija alguns enunciados POV diferentes para ver qual deles se identifica mais com você e seus participantes.

Esse processo poderá se tornar mais complicado no caso de determinadas experiências. Por exemplo, ao planejar para crianças, há várias partes interessadas envolvidas: a criança, os pais ou outro adulto que tomará a decisão de comprar a experiência ou permitir que a criança participe dela. Nesses casos, talvez seja necessário criar POVs separados para as crianças e os adultos envolvidos.

Eis um breve exemplo do processo de desenvolvimento de POV. Digamos que você seja um gerente de hotel que deseja criar um novo procedimento de *check-in* para clientes recorrentes. Depois de coletar dados sobre empatia, você percebe que esses clientes têm várias necessidades que precisam ser atendidas ao mesmo tempo. Eles desejam ser reconhecidos por sua fidelidade à marca, sentir-se em casa sempre que vierem ao seu hotel e fazer um *check-in* rápido e descomplicado. Com base nessas informações, você criará o seguinte enunciado POV:

> Nossos clientes recorrentes desejam ser pessoalmente reconhecidos ao fazer o *check-in*, pois é agradável sentir-se "em casa" enquanto estão viajando, e querem que o processo seja rápido e simples.

Em seguida, utilize o enunciado juntamente com o(s) mapa(s) de empatia criado(s) no estágio correspondente para orientar as etapas restantes do processo. Não existe um enunciado POV perfeito. No entanto, ainda que ele seja importante, não gaste muito tempo escolhendo palavras. Lembre-se de que recomendamos que você seja desordenado; mais tarde, se necessário, poderá voltar atrás para modificar seu POV.

Idear

Agora que você tem em mãos um enunciado POV e um mapa — ou mapas — de empatia, pode começar a criar soluções para atender às necessidades identificadas. Embora muitas pessoas iniciem o processo de design de uma experiência neste ponto, não cometa o mesmo erro!

Observamos que pular as etapas de "empatizar" e "definir" frequentemente leva a soluções para o problema errado. Aplicar o design *thinking* ao design de experiências exige que você comece a idear somente depois de entender seus participantes e suas necessidades mais urgentes. Como você provavelmente já participou de algum tipo de *brainstorming* ou ideação antes, não queremos passar muito tempo neste tópico, mas gostaríamos de fazer uma advertência e destacar algumas boas práticas importantes.

A nossa advertência é a seguinte: esse processo sequencial de identificar um problema e depois desenvolver soluções funciona apenas se você houver determinado corretamente qual é o problema que mais importa para seus participantes. Thomas Wendt escreveu sobre esse paradoxo problema-solução: "Os problemas e as soluções evoluem juntos e devem ser compreendidos juntos".[18] Ele também explica que "o movimento linear do problema para a solução não deixa espaço para a exploração dos efeitos das soluções no sistema para o qual foram desenvolvidas".[19] Portanto, é comum que o designer precise alternar entre o problema e as soluções propostas, pois cada uma ajuda a definir melhor a outra. Acreditamos que essas alternâncias ocorram na prática real, mas não são registradas em diagramas ou descrições de design de experiências. Queremos capacitá-lo a adotar uma abordagem não linear para criar um design melhor!

A ideação implica dois estágios distintos: divergência e convergência. Quando você se envolve em ideação divergente, o objetivo é ter o máximo de ideias o mais rápido possível. A ideação eficaz exige afastar-se do perfeccionismo e estar aberto a ideias inovadoras e incompletas. Para muitos, isso é difícil. Por acharmos que nossa competência profissional está em jogo, geralmente apresentamos apenas soluções bem-acabadas. O problema com essa abordagem é que ela limita sua capacidade de apresentar ideias inéditas e inovadoras. O primeiro conjunto de ideias em uma sessão de ideação costuma seguir uma abordagem mais segura e convencional. Uma maneira de evitar essa armadilha é forçar você e sua equipe de design a gerar no mínimo 50 ideias. Pode ser interessante escrever cada ideia em notas adesivas e, em seguida, afixá-las a uma mesa ou parede. Lembre-se de que, durante a ideação divergente, a meta é a quantidade, não a qualidade. Nesse momento, não se preocupe com a exequibilidade (quanto uma ideia custará) ou viabilidade (se é possível colocar a ideia em ação). Permita-se pensar livremente sobre todas as possíveis soluções para o enunciado POV em questão.

Ao gerar ideias, também é importante garantir que sua ideação seja fluente e flexível. No contexto da ideação, a fluência diz respeito à quantidade de ideias produzidas, e a flexibilidade à variedade de ideias produzidas.[20] A ideação fluente e flexível resulta em inúmeras ideias diferentes. Verifique se, ao idear, você não está caindo na rotina de simplesmente apresentar variações do mesmo tema. Esforce-se para ser radical e variado ao gerar soluções.

Depois de obter um número suficiente de ideias — lembre-se da meta de 50 — passe para a ideação convergente. O objetivo aqui é filtrar as ideias geradas para determinar aquelas que você deseja levar adiante na prototipagem. Isso implica eliminar, combinar e identificar as ideias mais promissoras para solucionar o problema declarado. Ao fazer isso, lembre-se de manter em mente o enunciado POV e os mapas de empatia, pois você terá de selecionar as ideias que acredita que terão melhor repercussão entre os participantes e atenderão às necessidades primárias deles, não às suas ou às da sua equipe.

A d.school tem ótimas diretrizes relacionadas à convergência. Em sua equipe de design, vale pensar no processo como convergência ou acordo, e não como resolução de conflitos. Trata-se de trabalhar em conjunto para selecionar as melhores soluções para os participantes, e não de defender e promover ideias favoritas. Duas fórmulas de que gostamos especialmente são a "votação por *post-it*" e o "método das quatro categorias".[21] Na votação por *post-it*, permite-se que os membros do grupo de ideação votem nas três ou quatro melhores ideias, e aquelas que receberem mais votos avançam para a fase de prototipagem. Com o método das quatro categorias, todas as ideias são organizadas em quatro grupos definidos previamente. A d.school sugere as seguintes: "A escolha racional, a que tem maior potencial de encantar [seu participante], a queridinha [do grupo] e a improvável".[22] Em seguida, selecionam-se algumas ideias de cada categoria.

Independentemente de como você se envolva nas fases de ideação divergente e convergente, lembre-se de que o objetivo é criar soluções que atendam ao enunciado do POV de uma maneira que seja relevante para os participantes. Você quer uma solução para eles, suas necessidades e seus problemas. A ideação deve ser energizante e divertida. É possível idear sozinho, mas acreditamos que as melhores sessões de ideação são as realizadas em grupo, já que sua energia tende a ser contagiante. Lembre-se, porém, de que você deverá ajudar os membros do grupo a entender a importância de rejeitar o perfeccionismo e não julgar as ideias geradas. Com essas regras básicas em prática, será fácil obter algumas ideias interessantes para começar a etapa de prototipagem.

Prototipar

Prototipar implica pegar as ideias geradas na etapa anterior e transformá-las em artefatos físicos e executáveis, ou o que Eric Ries chama de "mínimos produtos viáveis".[23] Embora seja fácil para a maioria das pessoas pensar em protótipos de edifícios ou produtos, pode ser mais complicado aplicar o termo a experiências. De acordo com o guia *Introduction to design thinking: process guide,* da d.school, "[um] protótipo pode ser qualquer coisa com a qual um usuário interaja [...], algo que ele possa vivenciar".[24]

Então, que tipos de protótipo de experiência é possível criar para promover a interação? Lembre-se: essa interação pode ser tanto física quanto cognitiva. Entre os protótipos de experiência comuns estão maquetes simples de ambientes de experiência

— como vitrines de papelão —, situações de encenação — por exemplo, acompanhar os participantes em uma nova experiência de *check-in* em um hotel —, *storyboards* e agendas simuladas ou versões experimentais de um novo produto que possa ser testado com os participantes.

O objetivo não é criar uma versão final e refinada da sua experiência, mas desenvolver um protótipo que possa ser utilizado para obter *feedback* dos possíveis participantes. A vantagem é que, dessa maneira, você poderá descobrir o que funciona e o que não funciona na sua experiência antes de investir o tempo e os recursos necessários para implementar a versão final. Prototipar é uma atividade de descoberta que ocorre antes da implementação, não um processo de produção.

Desenvolver uma representação operacional de sua experiência também o levará a pensar de forma diferente sobre a(s) solução(ões) ideada(s). Quando estamos resolvendo problemas, geralmente pensamos e falamos sobre soluções. A prototipagem obrigará você a esboçar, construir e se envolver com suas ideias de forma mais tátil. Seymour Papert, discípulo do renomado psicólogo Jean Piaget, dedicou sua carreira ao desenvolvimento e à promoção de sua teoria construtivista, que defende que o aprendizado ocorre de maneira mais eficaz quando os alunos constroem coisas relacionadas ao que estão pensando e aprendendo.[25] Confie em nós e em Papert: prototipar o ajudará a obter um *feedback* mais detalhado de potenciais participantes e o levará a pensar de forma mais profunda e criativa sobre suas ideias.

Também usamos mapas de experiências — um tópico que abordaremos em profundidade no capítulo 6 — como protótipos que permitem o envolvimento indireto na experiência. Depois de conhecer os participantes, compreender e articular suas necessidades, além de desenvolver uma variedade de soluções possíveis para essas necessidades, você estará pronto para criar um mapa da experiência, que é uma jornada prototipada. Embora você possa criar uma variedade de protótipos de experiência — e recomendamos que seja criativo nesse processo —, tenha em mente que a criação de um mapa de experiências é uma abordagem de protótipo extremamente eficaz. Também é importante adotar a mentalidade de que todas as experiências são protótipos que podem ser continuamente aprimorados.

Testar

A etapa "testar" consiste em receber *feedback* sobre os protótipos que você criou. É o momento de estar aberto a sugestões em vez de ficar na defensiva em relação às suas ideias. Se você criar um *role-play* de experiência, conduza os potenciais participantes pelo exercício e depois peça a opinião deles. Se você criar um protótipo de um ambiente de experiência, permita que os potenciais participantes interajam com esse ambiente e depois deem suas opiniões. Em essência, você está oferecendo aos testadores uma experiência interativa e prototipada.

Como obter *feedback* é o principal objetivo da etapa "testar", certifique-se de estar preparado para coletar sistematicamente o maior número de dados. Na medida do possível, é conveniente ter vários promotores de teste com funções específicas: uma pessoa que motive a experiência de teste; outra que observe o processo, prestando especial atenção às reações dos participantes ao protótipo e como se dá a interação; e, por fim, alguém que conduza um *debriefing* formal com os participantes, seja individualmente ou por meio de um grupo focal.

Embora o ideal seja testar protótipos com participantes reais, isso nem sempre é viável. Por isso, queremos mostrar a versatilidade de usar um mapa de experiências — ferramenta que discutiremos com mais detalhes no capítulo 6 — como um protótipo para testes, com ou sem participantes, utilizando a visualização, entendida como o processo de "enxergar" a experiência prototipada na mente.[26] Com essa abordagem, se você tiver acesso aos participantes, poderá empregar o mapa da experiência como um roteiro para ajudá-los a visualizar a experiência — talvez em um grupo focal — da seguinte maneira: peça-lhes que fechem os olhos enquanto você descreve, com o máximo de detalhes possível, cada ponto de contato da experiência. Incentive-os a visualizar o que você está descrevendo e a fazer anotações ou comentários durante ou após o processo de visualização.

Se não tiver acesso aos participantes, visualize você mesmo o mapa da experiência. Isso pode ser bastante eficaz se você tiver realizado a devida tarefa sobre empatia, pois poderá usar essas informações para tentar ver a experiência da perspectiva dos participantes. Na verdade, visualizar dessa forma pode ser extremamente útil, pois isso lhe permitirá percorrer o mapa da experiência segundo o ponto de vista de diferentes participantes que possam vivenciar a experiência. Observe como eles percebem os vários pontos de contato da experiência de forma diferente. Por exemplo, pegue qualquer experiência e visualize-a da perspectiva de um adulto em comparação com a de uma criança. A simples diferença de altura poderá, às vezes, apontar aspectos que precisam ser modificados. Por fim, talvez seja interessante visualizar a experiência de uma perspectiva aérea, para ver como os participantes se movimentam pela *experiencescape* que você for planejar ou criar.

Independentemente de como você decida testar sua experiência, lembre-se de que o objetivo é receber *feedback* e agir de acordo com ele. O design *thinking* aplicado ao design de experiências é um processo iterativo, o que significa que você deverá utilizar o *feedback* recebido e retornar aos estágios anteriores do processo para continuar revisando o design. Talvez seja necessário voltar para ajustar os protótipos ou reescrever por completo o enunciado do POV. Quanto mais aberto você estiver às mudanças e ao aprimoramento, melhor será a experiência no final.

RESUMO: DESIGN DE EXPERIÊNCIAS + DESIGN *THINKING*

Vemos com entusiasmo a fusão do design de experiências com o design *thinking*. Acreditamos que a abordagem do design *thinking* é uma excelente metodologia para organizar e aplicar o conteúdo e as ferramentas abordadas neste livro. Ele serve como estrutura organizacional para o design de experiências e estabelece um processo que, quando aplicado, produzirá soluções inovadoras nesse campo. Os próximos dois capítulos apresentarão o mapeamento de experiências, um tópico mencionado neste capítulo. Aprender a mapear macroexperiências e depois projetar as microexperiências constituintes permitirá que você crie protótipos de experiências extremamente úteis. Se dedicar tempo ao uso de todas as ferramentas que ainda serão expostas nos demais capítulos e, em seguida, usar a metodologia de design *thinking* voltado para experiências para aplicá-las, você certamente fará criações eficazes, inovadoras e de alta qualidade.

CAPÍTULO 6

O design da jornada da experiência

No capítulo 4, adotamos uma perspectiva detalhada das experiências para examinar os elementos essenciais das *experiencescapes*. Neste capítulo, mudaremos o foco para uma visão aérea, observando como cada microexperiência se combina para construir a jornada que compõe nossa macroexperiência. Para isso, abordaremos banheiros públicos, a Disney e a elaboração de mapas. Antes, porém, analisaremos a relação entre a criação de experiências e a composição de músicas para aprender dois princípios fundamentais do design de experiências.

O TOM PERFEITO

Mat gosta de ouvir música clássica enquanto escreve. Ele adora sobretudo as suítes para violoncelo de Johann Sebastian Bach. Grandes compositores, como é o caso de Bach, sabem a melhor maneira de combinar notas, acordes, andamento, instrumentos, vozes e outros elementos musicais para criar uma experiência holística. Clássicos verdadeiros, como as suas suítes para violoncelo, continuam a cativar ouvintes até hoje. São poucas as experiências que podem reivindicar uma durabilidade semelhante. A composição musical é uma excelente analogia para transmitir dois importantes *insights* de design de experiências que terão um papel fundamental nos tópicos que discutiremos neste capítulo: intencionalidade e heterogeneidade.

Intencionalidade

Pense no nível de intencionalidade existente na composição de uma sinfonia. Cada nota, entre centenas, se não milhares, é meticulosamente posicionada para complementar as que estão ao seu redor, encaixando-se no fluxo de toda a peça. Toda partitura musical exige um arranjo intencional. Seria absurdo imaginar que um compositor pudesse criar com maestria determinadas partes de uma peça enquanto simplesmente toca notas aleatórias sem lógica nem propósito. Até mesmo alguém com um ouvido musical destreinado seria capaz de identificar com facilidade os trechos que foram arranjados intencionalmente e os que não foram. E é bem provável que a dissonância nas seções não intencionais mascarasse a harmonia das intencionais.

O design de experiências é semelhante: todas as notas — ou seja, todas as microexperiências — exigem um design intencional. Você provavelmente já vivenciou situações em que certos aspectos de uma experiência receberam atenção meticulosa aos detalhes, enquanto outros foram claramente negligenciados. Considere o banheiro público. Talvez você já tenha tido uma excelente experiência de restaurante, cinema, show, loja ou parque de diversões que tenha sido arruinada por uma visita a um banheiro sujo no local. Não importa quão excelente tenha sido o restante da experiência: uma microexperiência negativa pode comprometer a percepção de uma macroexperiência positiva. Depois de deparar com um banheiro sujo, você pode até começar a pensar: "Se os banheiros não foram cuidados, o que mais foi negligenciado nesta experiência?" Como designer, é essencial garantir que todas as microexperiências recebam o mesmo nível de intencionalidade para proporcionar uma qualidade uniforme em todas as experiências projetadas. Isso significa, entre outras coisas, manter os banheiros sempre limpos.

Em alguns casos, a atenção intencional a microexperiências aparentemente banais, como o uso dos sanitários, pode se tornar um diferencial competitivo. Um bom exemplo disso são os Buc-ee's Travel Centers. Se você mora no Texas, já sabe do que estamos falando; se não, deixe-nos explicar.

A Buc-ee's é uma rede de postos de gasolina do Texas conhecida, entre outras coisas, por vencer repetidamente o concurso "America's Best Restroom" [Melhor banheiro dos Estados Unidos]. Em um artigo publicado na revista *Texas Monthly* intitulado "Holy crap", o autor, Jason Cohen, descreve a atenção aos detalhes que a Buc-ee's dedica à experiência no banheiro. Tamanha é a confiança da rede na qualidade desses espaços que ela os promove ativamente em outdoors com frases como: "The top two reasons to stop at Buc-ee's: number 1 and number 2" [As duas principais razões para parar no Buc-ee's: número 1 e número 2] e "Restrooms you have to pee to believe" [Banheiros em que é preciso urinar para acreditar].*[1]

Walt Disney, extraordinário designer de experiências, compreendia de forma inata a importância de projetar intencionalmente todas as microexperiências. O foco de Walt em cada detalhe de uma experiência promoveu o mantra dos seus parques temáticos: "tudo fala".[2] Isso significa que todo elemento de uma experiência envia uma mensagem aos participantes, da mesma forma que cada nota de uma sinfonia envia uma mensagem aos ouvintes. Um banheiro limpo diz: "Este é um lugar limpo porque

* O trocadilho original brinca com a expressão "You have to see it to believe it", substituindo "see" (ver) por "pee" (urinar), criando um humor relacionado à experiência de usar o banheiro. [N. T.]

nos preocupamos com os detalhes da sua experiência". Já um banheiro sujo diz: "Estamos sobrecarregados com outras coisas e não tivemos tempo de limpar esta parte". É essencial garantir que todos os elementos transmitam uma mensagem coesa, pois até mesmo um elemento destoante pode comprometer a harmonia da experiência.

Esse princípio de "tudo fala" se aplica a todos os elementos de cada microexperiência contida em uma macroexperiência. A atenção de Walt Disney aos detalhes no projeto da Disney é lendária. Um exemplo era sua insistência em que cada área do parque tivesse uma calçada exclusiva e condizente com o tema, pois "é possível perceber mudanças no ambiente por meio das solas dos pés".[3] Disney sabia que até mesmo a calçada da Disney transmitiria uma mensagem, ainda que de forma subconsciente, e ele queria que essa mensagem estivesse alinhada com e contribuísse para a experiência geral do parque. Atingir esse nível de intencionalidade abrangente exige um esforço sustentado, mas geralmente marca a diferença entre experiências esquecíveis e inesquecíveis.

Heterogeneidade

O *Merriam-Webster* define heterogeneidade como "a qualidade ou estado de ser composto por elementos diferentes ou diversos". Reconhecemos que é uma palavra complicada; porém, ela expressa melhor o que queremos transmitir do que termos como "variedade" ou "exclusividade". Heterogeneidade refere-se à organização de elementos diversos de maneira única e intencional, em vez de aleatória. O termo também se relaciona com palavras como "criatividade" e "inovação", pois todas implicam a combinação de diferentes elementos de maneira inédita. Além disso, como é provável que essa não seja uma palavra do seu vocabulário cotidiano, a novidade poderá ajudar a fixá-la na memória.

Agora que você já sabe o que significa heterogeneidade, o que isso tem que ver com música e experiências? Bob adora cantar. Ele já se apresentou em corais e quartetos vocais e, recentemente, teve a honra de cantar com o coral de sua igreja no Carnegie Hall, em Nova York. Ele lhe dirá que uma música excelente não consiste apenas na repetição *ad nauseam* de um pequeno punhado das mesmas notas. A maioria das composições começa com uma melodia e, em seguida, desenvolve variações para criar uma peça completa.

Os grandes designers de experiências empregam o princípio da heterogeneidade implementando uma variedade de microexperiências extraídas de toda a estrutura de tipos de experiência para criar diversidade nas macroexperiências. A sequência e o tipo de microexperiências são intencionalmente organizados para envolver positivamente os participantes no decorrer da macroexperiência. A heterogeneidade nos mantém engajados como ouvintes e participantes. Os melhores músicos e designers de experiências sabem usar subidas e descidas na execução, dissonância e harmonia, ritual e novidade, entre outras técnicas, para criar experiências multifacetadas para seus usuários finais. As homogêneas, por outro lado, são compostas por um número finito de elementos dispostos em padrões repetitivos. Elas induzem os participantes ao sistema de pensamento 1. As experiências heterogêneas mantêm os participantes envolvidos porque eles aproveitam ativamente o momento enquanto preveem o que acontecerá em seguida.

Você deve estar pensando: "Certo, mas como faço para inserir esses princípios em minhas experiências?" Boa pergunta — então vamos analisar algumas abordagens específicas de design para fazer exatamente isso.

MAPEAMENTO DE EXPERIÊNCIAS

Na primeira década dos anos 2000, o conceito de mapeamento tornou-se um tópico importante e central no design de experiências. A conscientização sobre a importância das experiências levou as pessoas a perceberem a necessidade de orquestrar, de forma conceitual, aquelas que oferecem aos usuários finais. Embora existam diferentes tipos de mapa de experiências — planos de serviço, mapas de jornada do cliente, mapas de experiências, mapas de estado existente e futuro[4] —, todos eles enfocam de modo semelhante o mapeamento das microexperiências que compõem as macroexperiências.

Neste capítulo, lhe ensinaremos a fazer uso de mapas de experiências para criar protótipos. Esse tipo de mapeamento também pode ser empregado para avaliar e repensar experiências existentes. É uma ferramenta essencial e versátil para todos os designers.

ELEMENTOS-CHAVE DOS MAPAS DE EXPERIÊNCIAS

Há mapas de experiências em diversos formatos e tamanhos. Nosso objetivo é apresentar a você aqueles que consideramos os principais componentes de qualquer mapa de experiências. Isso servirá como ponto de partida para que você comece a criar os próprios mapas. Se quiser se aprofundar nesse tema, há excelentes recursos disponíveis que podem expandir seu *toolkit* de mapeamento de experiências. Segue uma lista de alguns desses recursos:

- *Mapeamento de experiências*, de Jim Kalbach
- Event Design Canvas, do Event Design Collective, disponível em edco.global (em inglês)

- Mapa da Jornada do Usuário, do Miro, disponível em miro.com/customer-journey-map (em inglês)

Para ser um designer proficiente, você deverá se sentir à vontade com os seguintes elementos do mapeamento de experiências: *personas*, intencionalidade, pontos de contato, reações e colaboradores de linha de frente e bastidores.

Personas

Antes de criar um mapa de experiências, decida de quem é a jornada que você mapeará. Não nos referimos a um simples público-alvo ou segmento de mercado, mas aos indivíduos específicos que você deseja que sejam potenciais participantes da experiência que está desenvolvendo. Talvez você se pergunte por quê. Bem, em primeiro lugar, já explicamos que as experiências são percebidas individualmente. Em segundo, um bom design de experiências precisa sempre enfocar o participante.

Você não está criando sua experiência ideal para si mesmo, mas para um participante específico. Ao utilizar o mapeamento de experiências para avaliar algo já existente, poderá trabalhar com participantes reais para criar um mapa que reflita a experiência real deles. Ao usar mapas para novas concepções, ainda não há participantes reais; no entanto, é possível criá-los com foco no participante adotando as *personas*.

Personas são simplesmente uma representação gráfica de um participante ou uma representação sintetizada de vários participantes. Para criar uma *persona*, primeiro é preciso pensar nos possíveis participantes da experiência que está sendo criada. As abordagens tradicionais de marketing costumavam concentrar-se em mercados-alvo baseados em características de grupos montados. Porém, muitas vezes, a pessoa "média" resultante não correspondia a um indivíduo real.

Desenvolver *personas* é a tentativa de estabelecer uma base mais sólida: você precisa conhecer indivíduos reais que representem seus grupos de participantes. Esse conhecimento pode vir de sua experiência pessoal com participantes representativos, mas é ainda melhor se puder sair para conversar e observar indivíduos que se encaixam no perfil desejado. Jim Kalbach, autor de *Mapeamento de experiências*, sugere reunir os seguintes elementos para criar uma *persona*:

- **Dados demográficos.** Estão incluídos nessa categoria idade, gênero, etnia e quaisquer outros indicadores demográficos relevantes.
- **Dados psicográficos.** Enquanto os elementos demográficos geralmente tratam de características observáveis, os psicográficos incluem traços individuais menos observáveis, como atitudes, crenças e aspirações.
- **Comportamentos relevantes.** São os comportamentos ou ações — por exemplo, hábitos, *hobbies*, atividades profissionais — relevantes para a experiência que você projetará.
- **Necessidades e pontos problemáticos.** Quais são as necessidades que você poderá atender ou atenuar com a experiência que está criando?[5]

Como vimos, é possível coletar essas informações diretamente de pessoas reais ou aproveitar a experiência da equipe de design para criar o que Kalbach chama de *protopersona*.[6] Embora seja sempre preferível criar personas com base em indivíduos reais, as *protopersonas* constituem uma boa solução alternativa se o tempo e os recursos forem escassos. Em determinadas situações — no desenvolvimento de um novo produto, por exemplo

— pode haver indivíduos que nunca viram nem usaram o produto, de modo que o único participante em potencial disponível é aquele que você constrói indiretamente. De qualquer modo, crie *personas* para cada grupo distinto de participantes que você pretende envolver na experiência.

Em geral, as *personas* não passam de descrições em uma página e quase sempre são representadas com gráficos. Inclua um nome, uma foto e uma breve descrição da pessoa — você pode usar pseudônimos para fins de sigilo, mas as *personas* criadas com informações de usuários finais reais serão as mais úteis —, além de informações provenientes das quatro áreas mencionadas anteriormente: dados demográficos, dados psicográficos, comportamentos relevantes e necessidades e pontos problemáticos.

Procure exibir suas *personas* de forma destacada para que você e sua equipe possam recorrer a elas durante todo o processo de design. É comum colocar uma versão menor de uma *persona* diretamente em um mapa de jornada para manter o processo explicitamente focado no usuário final. Embora não haja regras específicas a serem seguidas, a figura 6.1 (p. 154) é um gabarito que pode ser aplicado para criar suas *personas*; o objetivo é produzir um artefato gráfico que o ajude a manter o participante em mente à medida que avança no processo de design.

De qualquer maneira, é preciso ter cautela ao empregar *personas*. Evite a armadilha de tratá-las como o único filtro para avaliar todos os participantes. As *personas* podem servir como uma ferramenta de design útil para mantê-lo(a) concentrado em criar para os demais, mas jamais substituem os esforços contínuos de empatia com os participantes. E sim, você pode reconstruir suas *personas* à medida que aprende mais sobre os participantes.

Figura 6.1. Gabarito para a criação de *personas*

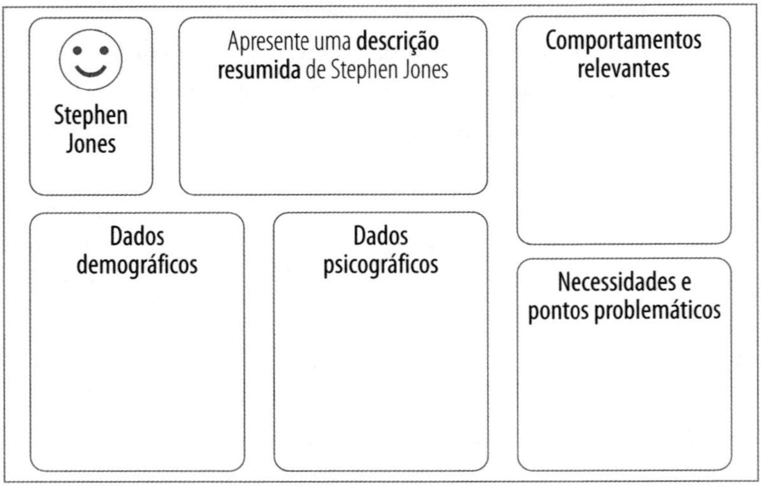

Intencionalidade no mapeamento de experiências

Agora que você tem algumas *personas* específicas em mente, precisa pensar no que deseja que esses indivíduos obtenham da experiência que está criando. Melhor ainda: pergunte às *personas* o que elas querem obter com a experiência em questão. Que resultados você terá de buscar para elas, em cada microexperiência, para que, juntas, elas culminem em um desfecho específico da macroexperiência? Pensar cuidadosamente no desenlace lhe ajudará a aumentar a probabilidade de que a experiência que projetou produza aquilo que você e seus participantes prezam. Ao começar a criar um mapa de experiências, concentre-se em alguns resultados principais da macroexperiência. Eles servirão como destino final para o projeto de experiência que estiver criando. Quando souber para onde deseja conduzir seus participantes personificados, você estará pronto(a) para começar a pensar em como levá-los até lá.

Quando estiver pensando em resultados intencionais, concentre-se apenas em alguns efeitos principais que deseja que a macroexperiência proporcione aos participantes. Há uma tendência de tentar expandir a lista de objetivos desejados para abranger todos os resultados positivos possíveis. Recomendamos que mantenha essa lista breve e focada. Se você definir um número excessivo de resultados, talvez não tenha recursos suficientes para alcançá-los e, em consequência, não consiga dedicar a devida atenção a cada um.

Pontos de contato

Até aqui, você já identificou um grupo específico de participantes e um resultado desejado que deseja que sua experiência produza. Agora é hora de pensar nas microexperiências que precisará desenvolver e como ordená-las para criar a macroexperiência que levará seus participantes a uma jornada que resultará no desfecho. No vernáculo do mapeamento, referimo-nos às microexperiências como pontos de contato. Um ponto de contato representa um momento e um local específicos durante uma experiência em que um participante interage com os elementos criados para ela. Alguns pontos de contato são breves e outros longos. De qualquer forma, eles representam o tempo em que o participante interage ativamente com os elementos da *experiencescape* que você orquestrou de modo intencional. Os pontos de contato combinados e sequenciais representam a jornada do participante; eles compõem, graficamente, o mapa de experiências.

Embora não exista uma regra fixa em relação ao número de pontos de contato que um mapa de experiências deve incluir, procure levar em conta todos os pontos de contato que ofereçam oportunidades para que os participantes se envolvam ativamente, moldando assim os resultados percebidos e as memórias resultantes. Não é necessário considerar todo o tempo de uma jornada de experiência. Na verdade, talvez isso nem seja possível. Os pontos de contato que identificar e criar constituem as interações que deverão estar presentes para que os participantes tenham a oportunidade de cocriar a experiência que você imaginou.

Vale notar que é comum as pessoas adicionarem, de forma espontânea, pontos de contato próprios ao longo de uma jornada de experiência. Isso é natural, esperado e, muitas vezes, explica por que os relatos diferem entre indivíduos que vivenciam a mesma experiência. Seu design deve gerar narrativas pessoais com elementos em comum, mas é normal que haja nuances individuais. Esses são os efeitos colaterais da experiência, e aquelas bem concebidas têm mais chances de produzir resultados positivos do que negativos.

Gostamos de usar notas adesivas ao criar mapas de experiências, pois elas permitem criar e revisar de forma rápida e fácil. Você também pode utilizar plataformas *online* colaborativas, como Mural.co, Realtimeboard.com ou Lucidchart.com. Quando começar a identificar os pontos de contato, não se preocupe muito com a sequência. Simplesmente comece a anotar os possíveis pontos de contato, um por cada *post-it*, e os coloque sobre sua superfície de trabalho. Se estiver trabalhando em equipe, colar as notas na parede é uma ótima maneira de envolver a todos e estimular a movimentação.

Após o esforço inicial para gerar pontos de contato, comece a organizá-los em sequência. O uso de notas adesivas facilita as modificações e adições ao seu mapa à medida que ele é desenvolvido. Como você perceberá, a sequência é importante, e reorganizar a ordem dos pontos de contato poderá ajudá-lo(a) a descobrir novos *insights*. Por exemplo, por que não servir a salada depois em vez de antes da entrada? Os franceses fazem isso com frequência para que os vinagres da salada não interfiram na capacidade do paladar de sentir o sabor do vinho. No entanto, essa seria uma mudança inovadora na sequência típica das refeições. Ao organizar os pontos de contato, leve em consideração os princípios discutidos anteriormente, como a regra do pico-fim.[7] Certifique-se de criar picos intencionais e de tornar os momentos finais significativos.

Algumas experiências não são lineares, permitindo que os participantes criem e sequenciem seus pontos de contato de maneiras únicas. Imagine um festival comunitário: nesse tipo de experiência, os pontos de contato não acontecem na mesma ordem para todos os participantes, pois eles têm liberdade para circular. Nesses casos, quando não existe uma configuração linear definida, é necessário pensar um pouco sobre que pontos de contato são essenciais para o sucesso da experiência geral e criar maneiras de atrair o público até eles. Um exemplo seria destacar as principais atrações em um diagrama impresso entregue aos clientes ou distribuir um livreto de passes ou ingressos para essas atrações, garantindo sua participação nesses pontos de contato definidores da experiência. Esses são apenas alguns dos muitos aspectos a considerar ao criar seus mapas de experiências.

Apesar de reconhecermos que nem todas as jornadas de experiência são lineares e que elas podem implicar caminhos ramificados, recomendamos simplificar tudo nos mapas iniciais. Crie primeiro alguns que sejam diretos e depois seja mais ambicioso. Além disso, lembre-se de que um mapa de experiências completo abrange as três fases da experiência — expectativa, participação e reflexão — do momento em que o indivíduo toma conhecimento da experiência ao seu término, quando começa a compartilhá-la com outras pessoas.[8]

Reações

A próxima pergunta a considerar é: como você quer que as pessoas reajam a cada ponto de contato? As reações são a principal resposta do usuário final a um ponto de contato. Ao identificar essas reações, lembre-se de que elas devem estar alinhadas e contribuir para os resultados gerais da macroexperiência pretendida. Os melhores designers de experiência são mestres em orquestrar pontos de contato para promover uma sensação coesa e intencional da macroexperiência.

Mat é muito amigo de um dos mestres em design de experiências, John Connors, ex-vice-presidente de desenvolvimento de eventos da Bigsley Event House. A Bigsley encena a The Color Run™ (TCR), uma corrida de 5 quilômetros sem tempo cronometrado na qual os participantes são cobertos por pó colorido ao longo do percurso. A Bigsley transformou esse conceito simples na maior série de corridas do mundo, com a participação de mais de 5 milhões de corredores em mais de 35 países desde sua criação, em 2012. Não é preciso dizer que a equipe de desenvolvimento de eventos da empresa sabe criar experiências únicas e envolventes.

Para melhorar continuamente a experiência do TCR, John criou o que ele chama de The Color Run Event Model [Modelo de evento The Color Run] (figura 6.2, p. 159). Essa estrutura simples, porém poderosa — inspirada no mantra da Disney "tudo fala" —, foi criada com base em quatro perguntas-chave:

1. O que os clientes *querem*?
2. O que você, como designer de experiências, *quer* que os clientes digam?
3. O que a sua experiência *realmente* diz?
4. O que os clientes *realmente* dizem?[9]

Figura 6.2. O modelo de evento The Color Run

Ao projetar uma experiência, conheça as necessidades do usuário final que você está tentando atender. Em seguida, deduza o que espera que as pessoas digam sobre a experiência que está oferecendo — suas reações a ela. Por fim, examine de maneira crítica cada ponto de contato e os respectivos elementos relevantes da *experiencescape* para determinar se eles estão "dizendo" as mesmas coisas que você deseja que os participantes digam. Por exemplo, se quiser que seus clientes comentem: "Esta é uma empresa receptiva", certifique-se de estar adotando medidas intencionais para tornar os pontos de contato acessíveis. Para isso, assegure-se que todos os funcionários que terão contato direto com os clientes sejam treinados para sorrir ao se apresentarem. Depois de trabalhar para garantir o alinhamento entre as reações desejadas e os pontos de contato projetados, ouça o que os clientes estão realmente dizendo sobre sua experiência por meio de canais formais de *feedback* ou nas redes sociais. Se eles estiverem dizendo o que você esperava que dissessem, você saberá que está no caminho certo; caso contrário, precisará fazer ajustes.

John quer que os participantes do TCR afirmem: "Esta é a corrida de 5 quilômetros mais animada do planeta" e "Este é um evento bem organizado".[10] Essas duas afirmações, ou reações, orientam o projeto e a avaliação de todos os eventos da empresa. Será que o processo de inscrição *online*, a retirada do *kit* de corrida no local, a experiência na largada e as ilhas de cores induzem as pessoas a dizerem: "Esta é a corrida de 5 quilômetros mais animada do planeta"? Caso contrário, a TCR fará modificações para que os clientes digam o que a empresa quer que eles digam. Outo benefício de identificar um pequeno número de reações-chave é a simplificação do processo de treinamento. A diretriz geral por trás do treinamento da equipe, dos voluntários e dos funcionários de John é fazer o que for necessário, dentro do razoável, para que as pessoas digam: "Esta é a corrida de 5 quilômetros mais animada do planeta" e "Este é um evento bem organizado".

Considere outro exemplo da Disney. Ao criar seu parque temático, Walt Disney pretendia criar o lugar mais feliz da Terra. Entre as coisas que ele queria que as pessoas comentassem sobre o parque estava o fato de ser um local limpo, em contraste com os parques de diversões típicos da época. Para tanto, ele fazia questão de que ninguém estivesse a mais de trinta passos de uma lixeira. Esse número foi calculado com base na observação de quantos passos, em média, as pessoas davam antes de descartar o lixo.[11] Pode parecer uma decisão de design insignificante, mas mostra a importância de saber o que você quer que as pessoas digam sobre a sua experiência e, em seguida, garantir que o design, inclusive o número de latas de lixo disponíveis, favoreça essa reação. É preciso muita disciplina para manter o foco na correspondência entre os pontos de contato e os resultados pretendidos para a macroexperiência, mas isso aumentará a qualidade geral das experiências que você criar.

Para implementar esse processo por completo, declare explicitamente as reações que deseja despertar em cada ponto de contato ao longo do mapa de experiências. Essas reações são as palavras-chave essenciais tanto para projetar intencionalmente a experiência quanto para estabelecer a conexão *online* com clientes que buscam exatamente esse tipo de vivência. Elas funcionam como um canal pelo qual seu público de nicho o(a) encontrará, pois refletem o que eles está procurando.

A equipe de experiência do cliente da Oracle recomenda que essas reações sejam escritas como enunciados ou pensamentos específicos que o usuário final terá em cada ponto de contato. Por exemplo, "Essa foi a experiência de *check-in* mais fácil que já tive" ou "O atendimento ao cliente aqui é incrível". Escreva essas reações em notas adesivas separadas e coloque-as diretamente acima do ponto de contato associado. É aconselhável usar a mesma cor de notas adesivas para todos os pontos de contato e uma cor diferente para as reações.

Com os pontos de contato identificados e organizados ao longo de uma jornada que (1) foi desenvolvida para *personas* específicas e (2) tem reações associadas a cada ponto de contato, você tem um mapa de experiências completo. Esse mapa, com pontos de contato lineares e reações do usuário final, representa o mais básico dos mapas de experiências. A seguir, pediremos que você pense nos recursos necessários para implementar cada ponto de contato.

Colaboradores da linha de frente e dos bastidores

A Oracle mantinha uma divisão de divulgação da experiência do cliente que realizava *workshops* gratuitos de mapeamento de experiências em todo o mundo e por um tempo manteve um site que contava com recursos excelentes de mapeamento de experiências. A empresa incentivava os designers de experiência a considerar os colaboradores da linha de frente (ou seja, aqueles em cena) e os de bastidores envolvidos em cada ponto de contato. Empregava também a terminologia teatral utilizada por outros pensadores de design de experiências, como B. Joseph Pine II e James H. Gilmore[12], para indicar as pessoas e as coisas com as quais os usuários finais poderão interagir durante um ponto de contato (linha de frente) e as pessoas e as coisas com as quais eles não poderão interagir, mas são necessárias para facilitar o ponto de contato (bastidores). Se pensarmos em uma experiência em um restaurante, entre os colaboradores da linha de frente estariam os garçons, a decoração, a disposição dos assentos, os cardápios e a comida. Os colaboradores dos bastidores incluiriam o *chef* e demais funcionários da cozinha, os sistemas de gerenciamento de atribuição de assentos, a lavagem da louça e a rede de fornecimento por trás dos alimentos preparados na cozinha.

É possível mergulhar fundo em cada uma dessas áreas, especialmente no que diz respeito aos colaboradores dos bastidores, mas o essencial é concentrar-se nos colaboradores mais relevantes para cada ponto de contato. São eles que você precisará controlar ou gerenciar para implementar o ponto de contato com sucesso. Outro aspecto positivo sobre a identificação desses colaboradores é que isso nos obriga a pensar de forma holística sobre todas as partes funcionais necessárias para dar vida à experiência. Porque — digamos isso uma última vez juntos — "tudo fala".

Para adicionar colaboradores da linha de frente e dos bastidores ao seu mapa, use notas adesivas de cores diferentes para cada um e coloque cada nota abaixo de seu respectivo ponto de contato. Também vale destacar que alguns pontos de contato terão mais atuação nos bastidores do que na linha de frente. Isso não é um problema; basta detalhar seu mapa de jornada da melhor forma possível. Não se preocupe em incluir todos os potenciais colaboradores que imaginar; concentre-se naqueles que são mais importantes para a experiência e sobre os quais você terá algum nível de controle.

Preenchendo o mapa de experiências

Um mapa de experiências abrangente incluirá pontos de contato que cubram as fases de expectativa, participação e reflexão da experiência, juntamente com as reações dos participantes e os colaboradores da linha de frente e dos bastidores. Ao criar um mapa de experiências, tenha em mente as *personas* orientadoras para que a experiência seja projetada para atender às necessidades e aos desejos identificados por elas. Use notas adesivas de cores diferentes para cada elemento do mapa de experiências. Isso facilitará a navegação e a organização do mapa.

A figura 6.3 (p. 164) ilustra um mapa de experiências simples para um show musical. Ele foi criado usando uma ferramenta da Oracle que não está mais disponível gratuitamente. Porém, você pode criar seu mapa usando as outras ferramentas indicadas aqui, ou qualquer um dos inúmeros recursos de mapeamento de jornada do usuário disponíveis na internet.

O fato é que, se esse mapa fosse real, ele sem dúvida incluiria pontos de contato extras, mas este comporta as três fases e constitui um exemplo visual de como seria um mapa de experiências. Note que as reações são citações dos participantes. Observe também que identificamos colaboradores relevantes na linha de frente e nos bastidores.

Figura 6.3. Exemplo de mapa de experiências inspirado nos recursos de mapeamento da Oracle

Reações	Foi fácil	Que bom que havia pessoas organizando a circulação	Que show excelente! Tenho de comprar merchandising	Não acredito que vi ao vivo minha banda favorita	Foi o melhor show a que assisti na vida
Pontos de contato	Comprar ingressos *online*	Estacionar no local do show	Assistir à banda de abertura	Assistir à banda principal	Voltar para casa de carro
Colaboradores da linha de frente	Site do show	Equipe de atendimento do estacionamento	Banda de abertura	Banda principal	Carro do usuário final
Colaboradores dos bastidores	Designer do site	Gerente de logística do evento	Equipe técnica	Equipe técnica	–

RESUMO: ESTRUTURANDO EXPERIÊNCIAS

No capítulo 4, examinamos os componentes básicos menores das microexperiências, os elementos da *experiencescape*. Neste capítulo, ampliamos a perspectiva para analisar a estrutura da macroexperiência. Embora essas mudanças drásticas de ângulo possam parecer um pouco vertiginosas, como designer de experiências você terá de pensar simultaneamente nas minúcias e no panorama geral para garantir que todas as peças funcionem em harmonia. Os mapas de experiências são uma ótima maneira de criar um protótipo da experiência que está sendo projetada. Eles montam uma estrutura e ajudam a organizar os principais elementos em uma representação gráfica. Como protótipo, deve ser ajustado conforme necessário. Não é um produto finalizado, mas um primeiro esboço para visualizar e planejar a experiência. Neste momento, não é algo que você precisará defender perante os *stakeholders* relevantes; na verdade, é uma ferramenta para obter feedback a fim de aprimorar o design.

Os mapas de experiências passarão por várias iterações à medida que você for trabalhando no processo. Eles deverão continuar evoluindo quando você começar a proporcionar as experiências que eles descrevem. Quando os participantes passarem a interagir com as experiências projetadas, significa que elas já entraram em operação e estão funcionando em tempo real. Continue trabalhando para ver a experiência através dos olhos desses participantes. Suas percepções lhe permitirão ajustar os mapas para refletir o que está acontecendo no local e fazer modificações para aperfeiçoá-los de forma contínua. Assim, o mapa de experiências deixa de ser apenas um projeto para se tornar uma representação da experiência tal como ela é oferecida no presente. Trata-se de uma ferramenta flexível, útil tanto para projetar, descrever e aprimorar experiências quanto para servir de registro visual das experiências já realizadas.

Agora que cobrimos as etapas para desenvolver uma visão aérea da jornada da experiência, é hora de retornar à visão no nível do solo para observar os pontos de contato individuais da experiência e as transições entre eles. Os melhores designers conseguem alternar perfeitamente entre o panorama geral dos mapas de experiências e os detalhes de cada ponto de contato. Eles dominam a arte de criar intencionalmente cada microexperiência, garantindo que todas contribuam para uma macroexperiência coesa. No próximo capítulo, guiaremos você no uso do gabarito de ponto de contato para projetar microexperiências intencionais.

CAPÍTULO 7

Pontos de contato e transições

No Instituto de Arte de Chicago, encontra-se a obra-prima de Georges Seurat, *Tarde de domingo na ilha de Grande Jatte*, pintura de 1884 (figura 7.1, p. 168). Seurat foi um pintor pós-impressionista que ajudou a desenvolver uma técnica chamada pontilhismo, que implicava o uso de pequenos pontos de tinta em vez de pinceladas mais tradicionais. Quando observadas de perto, as pinturas pontilhistas parecem ser um conjunto aleatório de pontos coloridos; porém, ao nos afastarmos, os pontos se fundem para formar uma imagem coerente e vibrante. Para criar obras de arte usando essa técnica, o artista deve posicionar e colorir intencionalmente cada ponto para garantir que todos trabalhem em harmonia, criando a imagem desejada.

A jornada da experiência é como uma pintura pontilhista: ela é formada pela combinação de uma série de pontos de contato projetados para provocar reações específicas e, por fim, alcançar os resultados pretendidos da macroexperiência.

Para criar uma experiência a partir de pontos de contato, é preciso dar a cada um deles, em termos de conteúdo e posicionamento, a mesma atenção que um mestre da arte dá ao seu trabalho. Criar experiências de qualidade leva tempo, assim como acontece quando se criam grandes obras de arte — Seurat levou dois anos para pintar o quadro. Seus esforços e sua atenção aos detalhes, porém, serão recompensados. Felizmente, temos uma

Figura 7.1. Georges Seurat. *Tarde de domingo na ilha de Grande Jatte* (1884-1886). Cortesia do Instituto de Arte de Chicago / Art Resource, Nova York

ferramenta que acreditamos ser útil no design de pontos de contato intencionais.

O GABARITO DO PONTO DE CONTATO

Pense nos mapas de experiências como uma visão panorâmica de toda a jornada da experiência que você está criando do início ao fim. Eles incluem todos os pontos de contato necessários para produzir os resultados desejados. Depois de identificar e ordenar tais pontos, inclusive as reações do usuário final e os colaboradores da linha de frente e dos bastidores, você estará pronto para começar a trabalhar no design de cada um deles.

Bob e sua coautora, Barbara Schlatter, chamaram uma técnica semelhante de "enquadramento" e recomendaram seu uso no design de experiências de lazer.[1] A versão que recomendamos aqui expande esse trabalho pioneiro e incorpora novos conteúdos e técnicas. Lembre-se de que o processo de design de experiências, como quase todos os aspectos ligados a essa modalidade do design, é iterativo, por isso recomendamos que você use um lápis para completar as primeiras versões do modelo

Modelando uma microexperiência

Cada gabarito de ponto de contato modela uma microexperiência que contribuirá para os resultados pretendidos da macroexperiência. Eles especificam as interações que os participantes terão com os elementos concebidos da *experiencescape*. Dessa forma, os gabaritos também identificam os elementos de que o designer da experiência precisará dispor para que a microexperiência ocorra. Em breve, apresentaremos um exemplo de caso, mas antes consideremos as principais características do gabarito de ponto de contato (figura 7.2, p. 170):

- número de sequência, em que o ponto de contato se encaixa na experiência; pode mudar à medida que você for refinando a experiência;
- título do ponto de contato;
- tipo de experiência que o ponto de contato representa; por exemplo, de prosaica a transformadora;
- reação desejada;
- resultados desejados;
- elementos da *experiencescape*;
- interações criadas;
- colaboradores;
- nível de cocriação desejado;
- aprimoramentos (trataremos disso no capítulo 9);
- transição.

Figura 7.2. Gabarito de pontos de contato

Gabarito de ponto de contato #: _____ **Título:** ______________________ Tipo exp. (circule): Pros. At. pl. Memo. Signif. Transf.

Que tipo de experiência você quer que este ponto de contato seja?

Reação desejada: ______________________

O que você quer que seus usuários finais digam ao passar pelo ponto de contato?

1. Elementos da *experiencescape*

Quais são os elementos essenciais deste pt. de contato?

Elementos-chave	Especificar
☐ Pessoas	________
☐ Lugar	________
☐ Objetos	________
☐ Regras	________
☐ Relacionamentos	________
☐ Marcações	________

2. Interações planejadas

Como você orquestrará intencionalmente os elementos?

1. ________
2. ________
3. ________

3. Resultados desejados

O que deve acontecer com seus usuários finais?

1. ________
2. ________
3. ________

4. Colaboradores

Quem e o que farão isso acontecer?

Frente	Bastidores

5. Cocriação

O que os participantes farão?

Alta **Detalhes:** ________

Baixa ________

6. Refinamento

Como você refinará o ponto de contato?

Técnico	Artístico
1. ________	1. ________
2. ________	2. ________
3. ________	3. ________

7. Transição

Como os usuários finais chegarão ao próximo ponto de contato?

☐ Implícito (sem ação necessária)

☐ Explícito

Resultado: ________

Interação criada: ________

Como você deve ter notado, muitas das informações necessárias para completar o gabarito podem ser extraídas diretamente do seu mapa de experiências concluído, inclusive o nome do ponto de contato, a(s) reação(ões) desejada(s) e os colaboradores da linha de frente e dos bastidores. Já abordamos a maior parte do conteúdo que você precisa conhecer para completar o gabarito, além da cocriação e dos fatores técnicos e artísticos. Discutiremos a cocriação em breve, mas deixaremos uma conversa mais aprofundada sobre aprimoramentos de experiência para o capítulo 9. Primeiro, analisaremos cada seção do gabarito e, em seguida, forneceremos alguns exemplos do gabarito em ação.

Recomendamos que você preencha o gabarito na mesma ordem em que apresentamos seus componentes. Para orientá-lo(a) no processo, numeramos cada célula do gabarito para indicar a ordem correta de preenchimento. Ao criar experiências, começamos pensando nos resultados desejados, e é por isso que essa célula é a primeira, embora, em termos de sequência de implementação, os resultados desejados sejam os últimos. Isso costuma ser chamado de *backward design* [design reverso], e implementa o famoso conselho de Steven Covey de "começar tendo o fim em mente".[2] Também incluímos a pergunta que é preciso abordar em cada célula como subtítulo em itálico. Antes de se aprofundar nas seções separadas, certifique-se de ter preenchido a parte superior do gabarito, incluindo o número do ponto de contato, o título e o tipo de experiência, juntamente com a reação desejada do usuário final definida durante o processo de mapeamento da experiência. É mais fácil chegar a algum lugar se você souber para onde está indo.

Pense na reação desejada como um esboço de seus resultados desejados. Crie resultados que derivem logicamente dessa reação. Para cada ponto de contato, tenha de um a três resultados desejados. Ao considerá-los, pense nos resultados de experiência recomendados com base em pesquisas, discutidos no capítulo 2. Para relembrar, aqui estão alguns deles:

- propiciar emoções positivas;
- engajar a atenção;
- desenvolver e fortalecer relacionamentos;
- promover a competência;
- incentivar a liberdade de escolha.

A lista anterior é um ótimo ponto de partida para pensar nos possíveis resultados desejados. A essa altura, os resultados genéricos podem ser aperfeiçoados para ser aplicados diretamente à experiência que está sendo projetada. Ao organizar uma clínica de esqui de fim de semana, por exemplo, "promover a competência" pode ser transformado em "os participantes aprimorarão sua capacidade de fazer curvas de arado". Além disso, lembre-se de ter em mente a importância de combinar os tipos de experiência e os resultados desejados. Não é possível produzir resultados transformadores com um ponto de contato prosaico.

Depois de determinar os resultados desejados, em alguns casos, talvez seja necessário desviar-se da ordem do processo que especificamos. Se o designer deverá identificar os elementos da *experiencescape* a serem usados antes das interações necessárias para executar os resultados desejados, isso dependerá da experiência que está sendo criada. Por exemplo, seu problema de design talvez seja desenvolver uma experiência usando um local específico que o cliente já tem e deseja utilizar. Nesse caso, a ordem de processo recomendada funcionará bem. Considere, entretanto, a necessidade de criar experiências para um grupo de funcionários tendo como resultado desejado a melhoria do espírito de corpo e do trabalho em equipe. Nesse caso, as interações necessárias para alcançar esse objetivo provavelmente receberiam atenção prioritária e os elementos do ambiente de experiência necessários para apoiar as interações seriam identificados depois que as interações fossem planejadas. Em todo caso, considere cuidadosamente quais elementos do ambiente de experiência serão fundamentais; é comum que um ou dois deles recebam atenção prioritária em um determinado gabarito. Identifique cada elemento essencial por tipo e forneça uma breve descrição.

Ao projetar as interações que você deseja promover, seja abrangente nas possibilidades que considerar. Por exemplo, são muitas as interações que podem ser incluídas, como as que ocorrem entre os participantes e a equipe, entre os participantes e os elementos da *experiencescape* e entre os participantes. Tenha ao menos uma interação planejada para cada resultado desejado. Dessa forma, garante-se um caminho causal intencional para todos eles.

Lembre-se de que nem sempre os elementos da *experiencescape* são identificados antes que as interações com eles sejam criadas. O mais provável é que, no processo de design, haja uma alternância entre esses dois detalhes essenciais relacionados a ele. Como vimos, em alguns casos, você se concentrará em elaborar primeiro as interações e, em outros, analisará inicialmente os elementos da *experiencescape* disponíveis ou necessários e, em seguida, definirá as interações.

Na quarta célula, colaboradores, a pergunta é: "Quem e o que fará que [a interação planejada] aconteça?" A resposta a essa pergunta já deve ter sido formulada durante o mapeamento da experiência; portanto, reveja o mapa para abordá-la. Observe os colaboradores da linha de frente e dos bastidores que estarão envolvidos na concretização desse ponto de contato. As três células restantes exigem um pouco mais de explicação. Ainda neste capítulo apresentaremos a cocriação e as transições, mas você terá de esperar até o capítulo 9 para ver uma análise completa dos refinamentos.

COCRIAÇÃO

Cineastas e outros profissionais de planejamento de mídia usam uma técnica à qual chamam de *storyboard* para arquitetar a ordem sequencial das cenas de um filme, bem como para esboçar e anotar os detalhes essenciais de interação de cada cena (ou seja, marcar a ação). Mapear experiências se assemelha a esse processo. Tanto o *storyboarding* quanto o mapeamento da experiência têm a função de sequenciar e delinear os principais estágios da história ou da experiência. Uma diferença entre o *storyboarding* tradicional e o mapeamento da experiência é a função dos usuários finais, seus participantes. Quando um roteirista ou diretor cria um *storyboard*, ele sabe que os atores cumprirão seus papéis no roteiro, talvez com um pequeno grau de improvisação. Os designers de experiência, por sua vez, precisam reconhecer que seus usuários finais são participantes que, muitas vezes, desejam desempenhar uma função mais ativa e cocriativa quando se envolvem com a experiência criada. Lembre-se de que Clay Shirky nos disse que os participantes são diferentes dos usuários finais; eles querem afetar o resultado. Esse desejo precisa ser previsto e levado em conta no projeto.

Nos capítulos anteriores, discutimos a natureza interativa e cocriativa das experiências. O *Business dictionary* define cocriação como "uma estratégia de negócios com foco na experiência do cliente e em relacionamentos interativos. A cocriação permite e incentiva um envolvimento mais ativo do cliente para criar uma experiência rica em valor".[3] Desde a origem, o conceito de cocriação tem acompanhado as discussões sobre a economia da experiência. C. K. Prahalad e Venkat Ramaswamy sugerem que, antes da economia da experiência, "os clientes eram [vistos como] 'fora da empresa'", mas "os consumidores agora procuram exercer sua influência em todas as partes do sistema empresarial [...].

Os consumidores querem interagir com as empresas e, com isso, 'cocriar' valor".[4] Prahalad e Ramaswamy propõem que as empresas "precisam criar ambientes de experiências nos quais [...] [os usuários finais] criem as próprias, personalizadas exclusivas".[5]

Não deixe de ler, no capítulo 10, exemplos de como as empresas estão desenvolvendo palavras-chave e estratégias para implementar experiências. Muitas vezes, as experiências e sua oferta se tornam elementos do planejamento estratégico corporativo e são incluídas em metas corporativas e planos de ação.

Clay Shirky utiliza um bar como exemplo de ambiente de experiência em que os clientes cocriam valor por meio da participação: "O dono do bar está curiosamente no mesmo segmento de oferecer valor acima dos produtos e serviços que comercializa, valor esse que é criado pelos clientes mutuamente".[6] Pense em como as interações no bar entre Norm Peterson e Cliff Clavin cocriaram valor na clássica série de TV *Cheers*.[7] Temos certeza de que seu bar favorito tem as mesmas características que levaram *Cheers* a ser aclamada.

Os consumidores modernos não querem receber produtos, serviços e experiências padronizados, mas ajudar a cocriar produtos, serviços e experiências. Isso se aplica especialmente à geração dos *millennials*. Eles desejam experiências participativas. Bob chegou recentemente de Buenos Aires, onde ele e sua esposa participaram de uma aula de culinária e aprenderam a fazer empanadas. Também participaram da aula um casal e dois *millennials* que estavam viajando pelo mundo. A sra. Norma Soued[8], que conduz as aulas em pequenos grupos em seu lindo condomínio no bairro de Palermo, disse a Bob que muitos dos participantes são jovens solteiros que viajam pelo mundo em busca de coisas incomuns para fazer. O Airbnb atendeu a esse desejo pelas experiências de viagem autênticas e exclusivas ao introduzir, em 2017, a categoria "Experiências", permitindo que as pessoas reservem experiências como voar em um avião a hélice ou aprender a engolir fogo, todas oferecidas por moradores locais.[9]

Caso se lembre de nossa abordagem sobre as fases da experiência, saberá que cada experiência tem uma fase de expectativa, participação e reflexão. Para nós, é interessante pensar na cocriação de forma um pouco diferente em cada fase. Com base no trabalho realizado por Mat e seu colega Andrew Lacanienta, reformulamos a cocriação como *codesign* durante a fase de expectativa, *coexecução* durante a fase de participação e *cocuradoria* durante a fase de reflexão.[10] Em outras palavras, pense em maneiras de convidar os usuários finais a participarem do design (fase de expectativa), da execução (fase de participação) e da curadoria (fase de reflexão) de suas experiências.

Por mais maravilhosa que seja a cocriação, será necessário gerenciá-la. Alguns pontos de contato podem ter muita cocriação e outros nem tanto. Alterar a quantidade de um ponto de contato para outro mudará a demanda de energia e atenção dos participantes à medida que a experiência avança no tempo e criará variedade e interesse em sua macroexperiência. Vamos dar uma olhada rápida em alguns exemplos.

O codesign é provavelmente a estratégia mais amplamente aplicada porque abarca os esforços para envolver os participantes durante a fase de expectativa. Muitas empresas têm mecanismos sólidos de *loop* de *feedback* do cliente, em geral chamados de sistemas de voz do cliente, para ajudar a reunir as percepções deste e fazer que essas percepções influenciem o desenvolvimento de produtos, serviços ou experiências. Em nível individual, as oportunidades para que os clientes personalizem um produto ou uma experiência antes da compra/participação facilitam o codesign. Ao reservar um cruzeiro, por exemplo, os futuros viajantes consideram as opções disponíveis, como tipos de cabine, alternativas de plano de refeições e seleções de passeios em terra.

A coexecução ocorre quando os usuários finais começam a interagir com o produto, serviço ou experiência projetada e pode influenciar os resultados. Pense cuidadosamente sobre quais pontos de contato na fase de participação garantem níveis mais altos de coexecução. O pai de Mat, Verle, tomou algumas decisões intencionais de coexecução ao planejar o tipo de experiência de navegação em corredeiras que ele queria que seus clientes tivessem. Enquanto alguns fornecedores oferecem viagens com serviço completo, em que as barracas e os colchonetes dos participantes são montados para eles todas as noites, Verle decidiu que dar a todos os participantes a chance de escolher e montar seus acampamentos criaria mais camaradagem no grupo. Ele também decidiu que os guias cuidariam de toda a preparação dos alimentos para que os hóspedes aproveitassem e explorassem melhor cada local visitado. Verle sentiu que poderia proporcionar a melhor experiência com alta coexecução durante a montagem do acampamento e baixa coexecução no preparo das refeições. Não há uma maneira correta de promover a cocriação; o segredo é usar as oportunidades para que ela ajude a experiência a produzir os resultados desejados para seus participantes.

A cocuradoria é provavelmente a oportunidade de cocriação mais ignorada. Muitas vezes, nos esforçamos tanto para projetar e proporcionar experiências que, quando elas terminam, não temos energia nem planos para nos engajarmos intencionalmente com os participantes durante a fase de reflexão. Pensar em estratégias de cocriação pode ajudá-lo a evitar esse descuido. A cocuradoria pode ser tão simples quanto enviar uma nota de agradecimento ou uma breve pesquisa de *feedback* do cliente.

Exemplos mais proativos de cocuradoria utilizam estratégias para auxiliar os participantes no processo de organização de suas memórias da experiência. O National Parks Service [Serviço Nacional de Parques] dos Estados Unidos faz isso por meio do passaporte do parque e do programa Junior Ranger, que incentiva os clientes a colecionarem selos, adesivos, distintivos e crachás da guarda florestal a cada parque que visitam. O National Parks Service também vende vários livros e coletes que os usuários podem usar para exibir suas recordações, e as páginas em branco dos livros servem para lembrá-los dos parques que ainda precisam visitar.

AFFORDANCE

Outro tópico intimamente relacionado à cocriação é a *affordance*, que consiste nos diferentes tipos de interação que um produto ou experiência oferece. Uma bola, água e uma caixa de areia são objetos lúdicos de alta *affordance* que propiciam inúmeras oportunidades de brincadeiras não estruturadas para as crianças. Compare-os com um objeto lúdico de baixa *affordance*, como um macaco de brinquedo que toca tambor. Além de dar corda no macaco e vê-lo tocar o instrumento, não há muito mais a fazer com ele. A falta de *affordance* que um objeto oferece limita o nível de cocriação possível. Os objetos de alta *affordance* costumam levar à repetição do uso porque proporcionam experiências sustentáveis. Os objetos de baixa *affordance* tornam-se entediantes muito rápido. Pense nos brinquedos com os quais você mais brincava quando criança e provavelmente perceberá que eles eram de alta *affordance*, pois proporcionavam diversas opções de diversão.

A *affordance* está relacionada à customização. Um alto nível de *affordance* em uma experiência torna a customização mais provável e mais fácil de ser obtida. Há duas estratégias para aumentar o nível de *affordance* de uma experiência. A primeira é incluir mais opções na experiência, mas essa abordagem tem seu próprio conjunto de problemas. Há um limite para o número de opções que os consumidores consideram úteis antes de ficarem sobrecarregados. Qualquer um que já tenha comprado suco de laranja já experimentou uma sobrecarga de opções ao deparar com as diversas combinações de suco de laranja baseadas em diferentes técnicas de processamento de polpa e aditivos nutricionais. Encontrar a combinação exata que você deseja é demorado. É preciso ler cuidadosamente cada rótulo para identificar seu tipo preferido. As escolhas funcionam melhor quando são oferecidas apenas algumas opções e suas diferenças são distintas e reconhecíveis. O simples aumento do número de opções não oferece aos clientes a solução personalizada que eles estão procurando; por isso, eles acabam se contentando com a que mais se aproxima de suas necessidades.[11]

A segunda estratégia é aumentar o número de opções em uma experiência. Uma maneira de fazer isso é ser menos rígido quanto à função dos objetos. No design de equipamentos de parquinhos, por exemplo, você pode escolher o nível de especificidade. Pense nos animais sobre molas nos quais as crianças gostam de montar nos parquinhos. Você pode decidir projetar o equipamento usando um animal específico com um assento — um cavalo, por exemplo. Ou pode colocar um assento indefinido na mola, permitindo assim que as crianças usem a imaginação para decidir se estão montando um animal ou uma nave espacial. Colocar um animal específico na mola reduz a *affordance* do equipamento.

O número de opções interativas em uma experiência ou associadas a um produto pode ser ampliado por meio de um bom design. Compare um canivete comum com um canivete suíço. O primeiro tem uma ou duas lâminas, enquanto o segundo tem lâminas e muitas outras ferramentas, permitindo mais usos com a mesma configuração básica. São necessárias várias chaves de boca para se equivaler a uma chave inglesa, o que oferece mais comodidade — ela funciona em mais de um tamanho de porca.

Atualmente, há uma tendência de usar a tecnologia como substituta da interação humana. O resultado são experiências e produtos com menor *affordance*, quando o resultado mais desejável é aumentá-la. Devido à programação orientada por computador, os fabricantes de brinquedos agora podem oferecer produtos com diversas opções de brincadeira. Nesse caso, o problema da acessibilidade é garantir que a tecnologia crie várias opções interativas para que a criança faça algo — seja a causa ou participe de uma ação — em vez de simplesmente assistir ao funcionamento do brinquedo. Ao fabricar um macaco de brinquedo com um chip de computador que o capacita a tocar três músicas no tambor, em vez de uma, não se está implementando uma *affordance* útil e focada no usuário. Os designers devem usar a tecnologia para aumentar a *affordance* para a criança, não para reduzi-la.

Outro grande impedimento à acessibilidade é o desenvolvimento de regras, regulamentos e políticas de gestão que restringem as escolhas. Certa vez, Bob leu um quadrinho do Ziggy em que o personagem foi a um parque. Isso foi há tanto tempo que Bob não consegue encontrar a versão original para citá-la, mas o que segue é a essência do quadrinho. Ao chegar ao parque, Ziggy foi recebido por placas como as seguintes: "Mantenha-se longe da grama", "Proibido andar de patins", "Não ande na grama", "Proibido nadar" e, finalmente, "Este é o SEU PARQUE — aproveite-o — A Comissão do Parque!" Ao projetar uma experiência, cada regra que você implementa restringe as opções e, portanto, a *affordance*. Reduza as regras ao mínimo e certifique-se de que elas melhorem a experiência em vez de frustrá-la.

A *affordance* incorporada em uma experiência por design pode resolver o problema da customização, pois os clientes recebem várias opções interativas. Eles poderão interagir com o objeto ou com o ambiente de várias maneiras, sem nenhuma outra intervenção ou medida por parte do designer ou do encenador da experiência. Os *games* mais populares, por exemplo, oferecem diversas possibilidades interativas para o jogador. Os designers de *games* se esforçam muito para incluir a *affordance*. No entanto, pense na seguinte ironia: compare a *affordance* disponível para a pessoa que está jogando com aquela disponível para o designer que o está programando. O programador tem muito mais *affordance* do que o jogador. Como designer de experiências, desenvolva formas de incorporar *affordance* em suas experiências. Isso o(a) ajudará a criar várias possibilidades interativas para o participante em vez de restringi-las.

A cocriação e a *affordance* são métodos para facilitar as oportunidades de engajamento. À medida que for trabalhando no design de cada ponto de contato, recomendamos que você avalie se a cocriação poderá ajudar a aprimorar a experiência que espera proporcionar. Lembre-se também de que certos tipos de experiência são mais propícios à cocriação do que outros. Por exemplo, as experiências prosaicas em geral carecem de cocriação ou recursos. A célula 5 do gabarito de ponto de contato aborda a cocriação e pede que você indique, com um círculo ou um traço, em um *continuum* de alto a baixo, o nível de cocriação que deseja permitir. Em seguida, informe breves detalhes de como será a cocriação nesse ponto de contato. Trata-se de um ótimo espaço para fazer anotações sobre como aumentar a *affordance* em pontos de contato cocriados.

TRANSIÇÕES

Os detalhes fazem toda diferença nas experiências. O que distingue os grandes designers de experiência dos bons é a atenção aos detalhes. Passamos todo este capítulo discutindo detalhes relacionados aos pontos de contato; contudo, ainda precisamos considerar o espaço entre tais pontos. Esse é um espaço que muitas vezes não é levado em consideração. Referimo-nos às transições — o movimento das pessoas, seja espacial ou cognitivamente, de um ponto de contato a outro. Essas transições nem sempre são interessantes e, às vezes, mostram-se desnecessárias. É por isso que elas costumam ser deixadas de lado, embora sejam o elemento que dá coesão à experiência. Levar em conta e criar transições não toma muito tempo. Porém, é preciso examinar o espaço entre os pontos de contato para determinar se uma transição planejada é necessária. Para completar a célula 7 do gabarito de ponto de contato, siga as etapas detalhadas a seguir.

1. Identifique se a transição é implícita ou explícita. Ela é óbvia ou precisa de explicação ou direcionamento? Por exemplo, imagine cada banda tocando em um festival de música como um ponto de contato separado. A transição entre as bandas é implícita porque o público não precisa ser instruído a fazer nada para que a transição ocorra. Uma transição é explícita se os participantes necessitarem instruções sobre como passar de um ponto de contato para o próximo. Se você determinar que se trata de uma transição implícita, já terminou e pode passar para o próximo ponto de contato. Se for explícita, precisará concluir a etapa 2.
2. Identifique o resultado e a intervenção associados à transição. O processo é o mesmo que você realizou para o ponto de contato. As transições acontecem rapidamente; portanto, precisa haver apenas um resultado e uma intervenção. Por exemplo, em uma viagem recente de cruzeiro, Bob foi a São Petersburgo, na Rússia. O dia começou a bordo do navio, no *lounge*, onde os grupos foram designados para ônibus específicos. Em

seguida, os passageiros tiveram de sair do navio, passar pela alfândega russa e, por fim, entrar no ônibus que os aguardava.

3. O ponto mais crítico dessa transição era passar pela alfândega. Os membros da equipe do cruzeiro, que não tinham permissão para entrar na área da alfândega, fizeram três coisas para garantir uma transição tranquila: liberaram o grupo para cada ônibus junto, de modo que todas as pessoas começassem a viagem ao mesmo tempo; tinham um membro da equipe bem visível na entrada da alfândega para responder a perguntas e ajudar a manter os grupos juntos; e outro membro da equipe ficou na saída dos ônibus para reunir os grupos e direcioná-los para aquele que os aguardava. Considerando que cerca de 300 pessoas precisavam fazer a transição, o processo correu muito bem.

Depois de concluir essas etapas, o projeto da transição estará pronto. Como vimos, não é preciso muito tempo, mas transições perfeitas e bem executadas comunicam claramente aos participantes que essa é uma experiência bem planejada e intencional.

UM GABARITO DE PONTO DE CONTATO PARA A EXPERIÊNCIA DE *ONBOARDING* DE UM NOVO FUNCIONÁRIO

Para ajudá-lo a visualizar melhor como o gabarito de ponto de contato funciona, vejamos um breve exemplo. Para ancorar esse exercício de reflexão, imagine que você está projetando uma nova experiência de *onboarding* para os novos funcionários da sua empresa. Já criou o mapa da experiência e identificou os pontos de contato críticos e a sequência necessária para acolhê-los e orientá-los. Agora, você deverá projetar cada ponto de contato em detalhe. Eventos semelhantes fracassam quando os designers param depois de desenvolver o mapa de experiências e não dão atenção suficiente ao design de cada ponto de contato.

Para o nosso exemplo, vamos analisar especificamente o ponto de contato intitulado "inscrição". Ele começa quando os funcionários se dirigem até a mesa e interagem com um dos membros da sua equipe, que fará o cadastramento dos novos funcionários no treinamento. Vale mencionar que as expectativas e o humor do novo funcionário podem ter sido influenciados pela forma como você conduziu a fase de expectativa dessa experiência — com uma carta, e-mail ou telefonema informando à pessoa sobre o processo de recepção. Dependendo de como você criou a fase de expectativa e a influenciou, os novos funcionários podem estar entusiasmados e ansiosos pelo *onboarding*; podem simplesmente estar neutros, sem expectativas; ou podem estar aflitos com a experiência. Esse é o poder de projetar intencionalmente as fases da experiência.

Como você chegou até aqui e sabe como a fase de expectativa é importante, presumiremos que fez um ótimo trabalho ao preparar os funcionários para a experiência. Agora, identificaremos as informações necessárias para completar o gabarito e o(a) orientaremos na tarefa. A figura 7.3 (p. 185) apresenta um exemplo de como seria um gabarito preenchido.

A seguir, faremos uma análise detalhada de cada seção do gabarito de ponto de contato da figura 7.3:

Cabeçalho do gabarito

- **Ponto de contato nº 3** (Os dois primeiros podem consistir na leitura do e-mail que os participantes receberam informando sobre o evento e a chegada ao local.)
- **Título**: Inscrição.
- **Tipo de experiência**: você pretende que essa seja uma experiência de atenção plena, pois há determinadas informações

Figura 7.3. Exemplo de gabarito de ponto de contato

Gabarito de ponto de contato | **N:** 3 | **Título:** Inscrição | Tipo exp. (circule): Pros. At. pl. Memo. Signif. Transf.

Que tipo de experiência você quer que este ponto de contato seja?

Reação desejada: Estou animado para começar a trabalhar aqui!

O que você quer que seus usuários finais digam ao passar por este ponto de contato?

1. Elementos da *experiencescape*

Quais são os elementos essenciais deste pt. de contato?

	Elementos-chave	Especificar
☑	Pessoas	funcionários e equipe
☑	Lugar	área de inscrição
☑	Objetos	crachás e ***kit***
☐	Regras	–
☑	Relacionamentos	a construir
☐	Marcações	–

2. Interações planejadas

Como você orquestrará intencionalmente os elementos?

1. O membro da equipe cumprimentará todos os funcionários pelo nome, com um sorriso e um aperto de mão.
2. O funcionário recebe um ***kit*** de treinamento com um cronograma e material de apoio.
3. O membro da equipe explicará brevemente o cronograma e perguntará se o funcionário tem alguma dúvida.

3. Resultados desejados

O que deve acontecer com seus usuários finais?

1. O funcionário se sentirá acolhido.
2. O funcionário terá todas as informações necessárias para participar do treinamento.
3. O funcionário terá todas as perguntas respondidas e estará pronto para participar do treinamento.

4. Colaboradores

Quem e o que farão isso acontecer?

Frente
- Equipe
- ***Kit*s** de treinamento

Bastidores
- Equipe de RH

5. Cocriação

O que os participantes farão?

Alta / X / **Baixa**

Detalhes: Permite-se que os funcionários criem seus crachás

6. Refinamento

Como você refinará o ponto de contato?

Técnico	Artístico
1. ______	1. ______
2. ______	2. ______
3. ______	3. ______

7. Transição

Como os usuários finais chegarão ao próximo ponto de contato?

☐ Implícito (sem ação necessária)
☑ Explícito

Resultado: o funcionário chega pontualmente à sala de treinamento.

Interação criada: a equipe explica o caminho para a sala de treinamento e menciona o horário de início da primeira sessão.

que os participantes precisam receber ao se inscreverem. Porém, você quer que seja um ponto de contato rápido e fácil; portanto, não precisa ser memorável.

- **Reação desejada**: ao criar o mapa de experiência, você identificou as seguintes reações para esse ponto de contato: "Estas pessoas são acolhedoras", "Estou animado para começar a trabalhar aqui" e "Sei a programação de hoje para o treinamento".

Células numeradas do gabarito

1. **Resultados desejados**: agora você precisa identificar os resultados necessários para facilitar as reações desejadas e, em seguida, identificar as intervenções que levarão a eles. Aqui estão alguns exemplos que se aplicam a esse ponto de contato:
   - O funcionário se sentirá acolhido.
   - O funcionário terá todas as informações necessárias para participar do treinamento.
   - O funcionário terá todas as perguntas respondidas e estará pronto para participar do treinamento.
2. **Elementos da *experiencescape***: Embora todos os elementos estejam presentes em cada ponto de contato, alguns são mais importantes do que outros para criar a(s) reação(ões) pretendida(s), e eles deverão ser o foco do seu design. Algumas dessas informações podem ser obtidas na célula colaboradores da linha de frente e dos bastidores (célula 4) do gabarito. Eis a nossa perspectiva sobre a importância de cada elemento da *experiencescape* para esse ponto de contato (colocamos em negrito os elementos que consideramos mais importantes para ele), juntamente com algumas considerações preliminares sobre a interação projetada:
   - **Pessoas**: inclui os novos funcionários, a equipe de credenciamento e suas interações entre si. Também é possível pensar nas pessoas que influenciam o ponto de contato, mas

não estão presentes, como os supervisores dos novos funcionários, suas famílias — que provavelmente estão animadas com o início em um novo emprego — ou a equipe de recursos humanos da empresa que elaborou o treinamento. A inscrição é um ponto de contato direto da experiência educacional nessa experiência de treinamento; portanto, tentaremos mantê-la simples.

- **Lugar**: visto que uma das reações desejadas é "estas pessoas são acolhedoras", você quer que o local de inscrição produza uma sensação agradável. Para criar esse elemento, visualize-se caminhando pela área e avalie-a usando os cinco sentidos para pensar no que poderia fazer para que ela contribua para a reação desejada. Por exemplo, o local de inscrição deve ter boa iluminação e parecer profissional.
- **Objetos**: os principais objetos para esse ponto de contato são os *kit*s de treinamento a serem distribuídos aos funcionários e as placas que indicam que essa aquele é o local de inscrição. É preciso que haja um cartaz de boas-vindas bem visível e, se houver um logotipo ou um texto importante da empresa, tal como um enunciado de valores ou de missão, ele também deverá ser afixado.
- **Regras**: este é um ponto de contato simples. Aplicam-se as regras gerais de decoro e civilidade, não sendo necessário mencioná-las explicitamente.
- **Relações**: sabemos que se trata de novos funcionários que provavelmente não conhecem os funcionários atuais. A construção de relações pode ser realizada de várias maneiras. Você poderá fazer que os funcionários atuais ou os supervisores das divisões envolvidas venham dar as boas-vindas. Pode, ainda, criar mecanismos para que os novos contratados se familiarizem com os antigos, de modo que se sintam como se conhecessem os colegas.

- **Marcação**: esse ponto de contato simples requer uma marcação mínima. A sinalização direcionará as pessoas para as áreas de inscrição e treinamento, e os *kit*s de treinamento explicarão a programação para o resto do dia.

3. **Interações criadas**: é aqui que se decide como orquestrar intencionalmente os elementos-chave da *experiencescape* a fim de produzir os resultados desejados.
    - Um membro da equipe cumprimentará todos os empregados pelo nome, com um sorriso e um aperto de mão. Se quiser realmente impressionar, peça ao pessoal que realizará as inscrições que veja as fotografias dos novos empregados para que sejam capazes de cumprimentá-los pelo nome quando chegarem.
    - O funcionário receberá um *kit* de treinamento com a programação e material de apoio.
    - O membro da equipe explicará brevemente a programação e perguntará se o funcionário tem alguma dúvida.
4. **Colaboradores**: para esse ponto de contato, foram identificados os seguintes colaboradores (pessoas e coisas):
    - **Linha de frente**: a equipe que atua na mesa de inscrições e os *kit*s de treinamento, que incluem a programação e o programa de treinamento.
    - **Bastidores**: a equipe de RH que desenvolveu os *kit*s e treinou a equipe da mesa de inscrições.
5. **Cocriação**: você decide que esse ponto de contato poderia se beneficiar de cocriação para facilitar a reação de "Estou animado para começar a trabalhar aqui". Assim, faça uma marca no *continuum* de cocriação de alto a baixo e comece a pensar em como criar oportunidades para aumentar a cocriação. Os crachás de identificação podem ser uma oportunidade de cocriação nesse ponto de contato. Pode-se oferecer crachás pré-impressos e com aparência profissional para os

participantes ou permitir que eles os personalizem. Embora esse pareça um detalhe sem importância, a maneira como você lida com isso enviará mensagens diferentes. Crachás predefinidos ajudariam a reforçar a natureza profissional do local de trabalho, ao passo que permitir que as pessoas criem o próprio crachá pode ser uma oportunidade de quebrar o gelo e ajudar as pessoas a expressarem sua personalidade. Também é possível fornecer material para que as pessoas personalizem os crachás com a promessa de prêmios para os mais bem elaborados. Verifique se a intervenção está alinhada com os resultados pretendidos. Esperamos que este exemplo mostre como a cocriação acrescenta energia e aumenta o envolvimento em praticamente qualquer ponto de contato. Observe também como suas ideias sobre cocriação podem fazê-lo(a)atrás e modificar algumas das interações projetadas, e isso é perfeitamente aceitável. O design é um processo iterativo baseado em *insights* obtidos à medida que se visualiza e, em seguida, se prepara a experiência planejada.

6. **Refinamentos**: há muitas coisas que você pode fazer para refinar a experiência geral. Veremos mais sobre isso no capítulo 9.
7. **Transição**: como a transição para o próximo ponto de contato implica o deslocamento dos funcionários para um local diferente, você decide que é necessária uma transição explícita. O resultado desejado é que "o novo funcionário chegue à sala de treinamento pontualmente". A intervenção é que "o membro da equipe de inscrição forneça instruções para a sala de treinamento e lembre o novo funcionário de quando a primeira sessão começa".

Eis então o gabarito de ponto de contato em ação. Depois de preencher os gabaritos para cada ponto de contato ao longo de uma jornada, você terá uma ideia muito clara do que deseja que aconteça e de como encenará a experiência. Também terá um plano por escrito que poderá ser compartilhado com outras pessoas — poucas experiências são organizadas por uma única pessoa.

O conjunto de gabaritos de pontos de contato que compõem a macroexperiência possibilita que você compartilhe o plano da experiência com a equipe de preparação, garantindo que haja uma comunicação clara sobre a experiência e a função a ser desempenhada pelos membro da equipe. Pense no mapa da experiência como um roteiro para o destino desejado e nos gabaritos de ponto de contato como instruções detalhadas sobre como chegar lá. O capítulo 10 oferece gabaritos de ponto de contato completos para uma experiência orientada para o produto.

RESUMO: UM PROTÓTIPO DE EXPERIÊNCIA ABRANGENTE

Ao implementar os processos recomendados de design de experiências e dos pontos de contato, você terá em mãos um design detalhado e um plano de preparação para a sua experiência. Terá pensado cuidadosamente nos participantes, em como deseja que eles procedam e reajam a cada aspecto da experiência e em como transformá-los em cocriadores. Terá criado ainda um protótipo da experiência que espera proporcionar. Agora, poderá testá-lo mais a fundo ou esperar para enriquecê-lo com dois conjuntos extras de técnicas que apresentaremos nos capítulos 8 e 9.

Antes de encerrarmos este capítulo, queremos sugerir mais uma aplicação possível para os mapas de experiência e os gabaritos de ponto de contato. Até aqui, abordamos seu uso principalmente para fins de design, mas eles também podem ser usados para desconstruir experiências existentes. Recomendamos que utilize uma experiência que já está oferecendo e crie um mapa de experiências e os gabaritos de ponto de contato correspondentes para entender melhor a sua oferta de experiência atual. Com certeza você terá *insights* interessantes que o ajudarão a identificar áreas prontas para serem redesenhadas e aprimoradas. Às vezes, desconstruir experiências é o primeiro passo para aperfeiçoá-las. Acreditamos que a famosa frase atribuída a Pablo Picasso de que "todo ato de criação é primeiro um ato de destruição" se aplica bem ao redesenho de experiências existentes e acreditamos que o uso de mapas de experiência e gabaritos de ponto de contato o(a) ajudará a se envolver com mais eficiência nesse processo.

Com um mapa de experiências em mãos, você está um passo mais perto de encenar uma experiência para os participantes pretendidos. É importante reconhecer que, ao oferecer uma experiência, basicamente você convidará as pessoas a embarcar em uma jornada que criou para elas. As jornadas, de muitas formas e tamanhos, moldam a estrutura de quase todas as histórias. Desse modo, os designers de experiência devem reconhecer e aceitar seu papel de contadores de histórias experimentais. No próximo capítulo, mergulharemos no mundo do *storytelling* para mostrar por que você precisa pensar como um contador de histórias ao realizar o design de experiências.

PARTE TRÊS

Criando ótimas experiências: refinamentos e exemplos

Agora você já entende as experiências como fenômenos comportamentais únicos e aprendeu a concebê-las nos níveis de macro e microexperiência. Nesta seção, acrescentamos ao seu conjunto de habilidades de design de experiências mais técnicas para aprimorar seus talentos e os designs de experiências resultantes. Primeiro, analisaremos o papel que o *storytelling* pode desempenhar no processo e como desenvolver narrativas de experiências para transformar seus participantes em heróis. Em seguida, apresentaremos vários fatores técnicos e artísticos que poderão ser aplicados para aprimorar seu trabalho. Para concluir, demonstraremos como o design de experiências pode ser adotado para orientar o desenvolvimento de produtos e como ele é usado atualmente para informar estratégias corporativas em várias empresas líderes.

CAPÍTULO 8

As histórias que contamos: incorporando drama às suas experiências

"Era o melhor dos tempos, era o pior dos tempos..."[1]

"Numa toca no chão vivia um hobbit".[2]

"Há muito tempo, numa galáxia muito, muito distante..."[3]

TODO MUNDO ADORA UMA boa história. É um prazer mergulhar em histórias com personagens fascinantes que passamos a estimar ou desprezar. As histórias nos dão acesso a lugares e pessoas interessantes. Elas evocam emoções. Ensinam-nos sobre nós mesmos. Ajudam-nos a ver o mundo de novas maneiras. Grandes histórias nos atraem e nos levam a uma jornada repleta de elementos novos e inesperados. Algumas delas repercutem em cada um de nós pessoalmente. Mat adora *Peace like a river* e *O sol é para todos*, entre outras. Entre as favoritas de Bob estão *A caçada ao outubro vermelho* e *Huckleberry Finn*.

Em um mundo onde as experiências importam, as pessoas esperam mais do que uma relação transacional com as empresas. C. K. Prahalad e Venkat Ramaswamy, professores de administração da Universidade de Michigan, sugerem que as empresas precisam criar ambientes de experiências para que seus clientes se envolvam, em vez de apenas fornecer bens e serviços pré-embalados.[4] As pessoas querem experiências com começo, meio e fim, que as coloquem como atores em histórias convincentes que as conduzam em jornadas rumo a destinos finais desejáveis.

Há vários meios pelos quais histórias são contadas, como a palavra escrita, a narração, filmes e peças de teatro. As experiências também são um meio de contar histórias. Embora o design e a oferta de experiências nem sempre sejam descritos como um processo de *storytelling*, acreditamos que deveriam ser. As melhores experiências oferecem aos participantes a chance de assumir um papel ativo em uma história que se desenrola. Você sabe que tipo de história suas experiências estão contando aos clientes?

A seguir, falaremos sobre algumas ideias do mundo do *storytelling* que podem ajudá-lo a criar experiências mais atraentes. Neste capítulo, discutiremos vários tópicos relacionados ao *storytelling*, inclusive por que as histórias são importantes, o poder da estrutura narrativa, como transformar seus usuários finais em heróis e o papel das histórias de fundo no design de experiências. Vamos começar. Era uma noite escura e tempestuosa... brincadeira!

POR QUE AS HISTÓRIAS SÃO IMPORTANTES

Em seu livro *O poder do sentido: os quatro pilares essenciais para uma vida plena*, Emily Esfahani Smith defende a existência de quatro principais fontes de significado na vida: "pertencimento, propósito, *storytelling* e transcendência".[5] A autora explica por que o *storytelling* faz parte da lista:

> Nosso ímpeto de narrar emerge da necessidade arraigada que todos os seres humanos têm: a de dar sentido ao mundo. Temos um desejo primordial de impor ordem à desordem — de encontrar o sinal em meio ao ruído. [...] Estamos constantemente recolhendo fragmentos de informação e acrescentando uma camada de significado a

elas; não conseguiríamos viver se não fosse assim. As histórias nos ajudam a compreender o mundo e o lugar que ocupamos nele.[6]

As pessoas já estão predispostas a contar histórias sobre si mesmas e sobre os outros, a falar sobre as experiências que vivenciam; então, por que não estruturar intencionalmente as experiências que você cria em torno de histórias? Você se lembra do modelo de evento The Color Run apresentado no capítulo 6? A etapa 2 do modelo pergunta: "O que você quer que os clientes digam?" Outra maneira de formular essa pergunta seria: "Que histórias você quer que os clientes contem sobre sua experiência?"

Brian Solis descreve o momento em que os clientes começam a contar a outras pessoas histórias sobre suas experiências como a verdade derradeira.[7] Essa narração sobre o que aconteceu durante a experiência representa o ponto culminante da jornada de experiência dos participantes e da sua jornada de design. As histórias que as pessoas contam umas às outras sobre as experiências que você proporciona têm uma profunda influência no ciclo de vida destas. Em um mundo em que a história de um cliente pode potencialmente alcançar milhares e até mesmo milhões por meio das redes sociais, é preciso garantir, de forma proativa e intencional, que as experiências que você cria contem histórias convincentes.

Um cínico poderia ver essa sugestão como licença para manipular as pessoas e fazer que elas repitam uma mensagem pré-embalada, mas não é o caso. A economia da experiência deu início a uma era de alta capacitação em experiências. Se as suas iniciativas possibilitam a cocriação, cada participante terá tido uma experiência ligeiramente diferente. Quando definimos as experiências no capítulo 1, explicamos que elas surgem das interações entre os participantes e os elementos concebidos da experiência. Em geral, os clientes reconhecem rapidamente as experiências que parecem forçadas ou não são autênticas. Os melhores designers são aqueles que recorrem a histórias autênticas que ressoam entre os participantes para orientar o design de suas macroexperiências.

Você já fez uma *piñata* ou outra criação em papel machê? A capacidade de fazer *piñatas* não é um pré-requisito para ser designer de experiências, mas o processo oferece uma boa analogia de como as histórias podem ajudar a moldar as experiências. Para construir uma *piñata*, cria-se uma estrutura, sobre a qual são posicionadas e enroladas tiras de papel mergulhadas em uma mistura de cola e água ou farinha e água. Embora essa estrutura fique praticamente coberta por papel, é ela que dá forma e significado à *piñata*.

Imagine que, em vez de uma *piñata* para a festa de aniversário do seu filho, você tenha simplesmente uma pilha de tiras molhadas de papel machê. Isso provocaria muitas reações diferentes daquelas que você esperaria se tivesse uma *piñata* de verdade. Uma pilha de papel machê provocará reações como "Que nojo, o que é isso?". Uma *piñata* de verdade, por outro lado, suscitará reações como "Olha, é um caubói!" ou "Legal, é um foguete!" A estrutura coberta com papel cria uma estrutura que conta uma história.

As estruturas narrativas para experiências dão forma e transmitem significado aos seus usuários finais, assim como as estruturas de papelão para *piñatas* dão forma e transmitem significado às crianças em festas de aniversário. Pense em um mapa de experiências como uma longa tira de papel machê. Quando está sobre a mesa, uniforme e bidimensional, não desperta grande entusiasmo pela experiência que está sendo esboçada. No entanto, se tivermos uma história para cobrir esse mapa de experiências, ele se tornará tridimensional. Terá um formato e uma estrutura que se tornará um convite à curiosidade e à interpretação guiada.

Ótimas histórias criam ótimas experiências. São elas que diferenciam um parque de diversões genérico de um parque temático da Disney. Se alguém retirasse as histórias da Disneylândia ou da Disneyworld, a magia desapareceria. São as histórias — e o cuidado dedicado a dar vida a elas — que tornam os parques temáticos da Disney únicos. Tudo neles é concebido com base em narrativas que o público já conhece.

As pessoas assistem aos filmes da Disney e depois vão aos seus parques temáticos para conhecer atrações que as envolvam nessas mesmas histórias. Ninguém tinha ideia do que Walt Disney estava tentando fazer quando começou a falar sobre a construção dos parques. Devin Leonard e Christopher Palmeri, em artigo sobre os parques temáticos da Disney para a *Bloomberg Businessweek*, escreveram sobre a dificuldade que Walt enfrentava ao tentar explicar sua visão de experiências baseadas em histórias:

> Quando Walt Disney decidiu criar a Disneylândia, no início da década de 1950, o parque temático moderno ainda não existia. Havia muitas atrações de beira de estrada com montanhas-russas e rodas-gigantes, mas o que Disney tinha em mente era tão radical que ele não conseguia explicá-lo aos consultores e banqueiros. Até mesmo sua esposa achava que ele estava louco. "Ninguém sabia realmente do que se tratava", diz Margaret King, diretora do Center for Cultural Studies & Analysis, uma empresa da Filadélfia que já realizou pesquisas de parques para a Disney e a SeaWorld Entertainment. "A maneira mais próxima que ele encontrou de descrever foi dizer que tentaria, de certa forma, modelar seus filmes em 3D, criando um filme no qual se pudesse caminhar".[8]

Disney tentava dizer às pessoas que iria criar experiências baseadas em histórias conhecidas, mas ninguém havia feito algo assim antes. Obviamente, acabou sendo uma boa ideia.

Embora a Disney detenha há muito tempo a maior parte do mercado quando se trata de parques temáticos, a Universal Studios ganhou terreno após a abertura do The Wizarding World of Harry Potter [O Mundo Mágico de Harry Potter] em seu parque temático em Orlando. A Universal reconheceu que a empresa precisaria de histórias próprias amplamente reconhecidas para competir com a Disney no espaço dos parques temáticos. A riqueza e a fidelidade da experiência proporcionada pelo The Wizarding World of Harry Potter, inaugurado em 2010, aumentaram a frequência de visitantes no Universal Studios em cerca de 70%.[9] Como Leonard e Palmeri comentam em seu artigo, a Disney e a Universal estão envolvidas em uma feroz batalha pela participação no mercado de parques temáticos, na qual bilhões de dólares estão em jogo.[10] Essa disputa entre duas organizações muito poderosas é pertinente à nossa discussão neste capítulo porque, em última instância, trata-se de uma luta por histórias e por quem detém os direitos de trazê-las à vida como experiências imersivas.

A Universal Studios conseguiu reduzir o domínio dos parques temáticos da Disney usando o poder de Harry Potter. A Disney promoveu um contra-ataque narrativo com a abertura de novas áreas na Disney World e na Disneylândia, baseadas nas histórias de Avatar e Guerra nas Estrelas, respectivamente. Esse confronto de titãs corporativos ilustra de forma monumental a importância das histórias na criação de experiências. Embora você provavelmente não esteja em condições de comprar os direitos das histórias de Harry Potter para estruturar sua próxima experiência, isso não significa que não possa fazer uso da narrativa para enriquecer seu processo de design de experiências. As histórias proporcionam contextos ricos e já familiares para o desenvolvimento de experiências. O uso de histórias preexistentes pode ser um excelente ponto de partida para o processo; o mesmo ocorre com a estrutura narrativa padrão que sustenta quase todas as histórias.

ESTRUTURA DRAMÁTICA

Para alguns, esta conversa pode lembrar uma daquelas aulas de literatura da escola, mas continuem lendo, pois, sem sabê-lo, seu professor tinha a chave para alguns *insights* importantes sobre design de experiências. Em 1863, Gustav Freytag, um romancista alemão, escreveu *Die Technik des Dramas* [A técnica do drama], no qual propôs as seguintes fases como estrutura das histórias tradicionais: (1) exposição; (2) ação crescente; (3) clímax; (4) ação decrescente; (5) desenlace.[11] Embora, é claro, existam histórias que não seguem essa estrutura, muitas o fazem. Porém cremos que as cinco fases propostas por Freytag fornecem um excelente esqueleto narrativo para o design de experiências. Se você refletir sobre algumas das melhores experiências que já teve, é provável que elas possam ser divididas nessas cinco fases. Como exemplo, vamos examinar como poderíamos usá-las para analisar uma experiência de cruzeiro. A tabela 8.1 (p. 202) oferece uma definição para cada fase, juntamente com um exemplo de como você poderia usá-la para desconstruir uma experiência em um cruzeiro.

Ao criar mapas de experiências, tenha em mente as cinco fases de Freytag. Será que você está criando experiências que dão atenção suficiente a cada uma das cinco fases? Você tem um ponto de contato de clímax? Está propondo uma resolução adequada e satisfatória? As cinco fases são um ótimo instrumento de medição para avaliar a solidez das experiências que você está criando. Embora cada experiência seja única, ao utilizar essas cinco fases em todas as suas experiências, você poderá criar mais drama dentro delas e, assim, despertar mais interesse e envolvimento dos participantes. Pensar neles como personagens das histórias que você está criando pode ser uma mudança de pensamento impactante para você como designer de experiências.

Tabela 8.1. As cinco fases da estrutura dramática

Fase	Descrição	Exemplo
Exposição	A introdução, na qual todas as informações necessárias sobre ambiente, personagens etc. são compartilhadas com o público.	Reserva do cruzeiro e recebimento de informações sobre o roteiro, juntamente com o processo de embarque e outras orientações.
Ação crescente	Todos os fatos que levam ao clímax. Essa fase tende a ser a parte mais longa de uma história.	A maior parte de sua experiência no cruzeiro — atividades a bordo, refeições, passeios em terra.
Clímax	O momento para o qual a história está sendo construída, geralmente um ponto de inflexão para o bem ou para o mal, dependendo do tipo de história.	A maioria dos cruzeiros tem uma ou duas experiências de destaque. Pode ser um jantar ou baile formal na última noite, ou um porto de escala exclusivo.
Ação decrescente	A história começa a se encaminhar para o desfecho à medida que o impacto do clímax se desenrola.	Essa fase inclui o retorno ao porto de origem e o desembarque.
Desenlace	A resolução final, se a história for uma comédia, ou a queda fatal, se for uma tragédia.	Após o cruzeiro, você retorna para casa e para sua vida habitual, com muitas lembranças e recordações para compartilhar com familiares e amigos.

Fonte: veja a nota 11.

Assim como os designers de parques temáticos querem criar experiências imersivas e baseadas em histórias para os clientes, faça o mesmo esforço para criar experiências imersivas para seus participantes. Na verdade, você pode até considerar torná-los os heróis da história.

A JORNADA DO HERÓI

Como vimos, os seres humanos são programados para pensar de forma narrativa. Em sua obra seminal *O herói de mil faces*, o mitólogo Joseph Campbell propôs que as histórias, ao longo do tempo e das culturas, compartilham uma estrutura semelhante.[12]

Ele usou o termo monomito para sugerir que todas as histórias se originam em um mito ou estrutura narrativa comum, que chamou de "a jornada do herói".

Chris Vogler, que trabalhava no desenvolvimento de histórias nos estúdios Disney na década de 1980, sintetizou o trabalho de Joseph Campbell em um *white paper* de sete páginas que se tornou amplamente lido no mundo dos roteiristas e continua sendo influente até hoje.[13]

George Lucas foi discípulo de Campbell e falou sobre como usou intencionalmente a jornada do herói para criar a narrativa de *Guerra nas estrelas*.[14] Quando você analisa as fases da jornada do herói, logo se torna evidente que quase todas as histórias que você possa imaginar, da comédia à tragédia, passando pelas histórias infantis para a hora de dormir, se encaixam nessa estrutura. A tabela 8.2 apresenta uma visão geral das doze etapas da jornada do herói, de acordo com o resumo de Vogler. Para mostrar um exemplo contemporâneo de como a jornada do herói aparece por toda parte, na segunda coluna incluímos uma narrativa descritiva do anúncio do Super Bowl do Google intitulado "Parisian Love" [Amor parisiense].[15]

Ao pensar nas etapas mostradas na tabela 8.2 (p. 204), que histórias lhe vêm à mente? Já mencionamos *Guerra nas estrelas*; portanto, você não pode contar com essa. Outros exemplos são *O senhor dos anéis* e todos os filmes da Marvel. Experimente este pequeno desafio para testar a afirmação de Campbell: pense no último filme a que você assistiu ou romance que leu e analise se ele se encaixa nessas etapas. Nem todas as histórias atendem aos requisitos, mas quase todas as que você imaginar apresentarão elementos da jornada do herói.

Tabela 8.2. Etapas da jornada do herói

Fase	Descrição	Exemplo
O mundo comum	O herói, inquieto, desconfortável ou inconsciente, é mostrado com empatia para que o público se identifique com a situação ou o dilema.	Conhecemos o herói enquanto ele faz uma busca na internet usando o Google.
Um chamado à aventura	Algo abala a situação — o herói precisa enfrentar o início da mudança.	O herói pesquisa sobre programas de estudo no exterior, em Paris.
Recusa do chamado	O herói sente o medo do desconhecido e tenta se afastar da aventura.	
Encontro com o mentor	O herói depara com um viajante veterano que lhe oferece treinamento, equipamento ou conselhos que o ajudarão na jornada.	O mentor da história é o motor de busca do Google, que fornece ao herói informações importantes e o incentiva a embarcar em uma aventura em Paris.
Atravessando o limiar	O herói se compromete a deixar o mundo comum e entrar em uma nova região com regras e valores desconhecidos.	Ouve-se o som de um aeroporto e de aviões decolando, o que indica que o herói atendeu ao chamado para a aventura
Testes, aliados e inimigos	O herói é testado e define suas lealdades no Mundo Especial.	Nos vinte segundos seguintes, o herói enfrenta vários desafios — barreiras linguísticas, procurar um presente — próprios do namoro com uma moça parisiense. Seu sábio mentor, o motor de busca do Google, o ajuda a superar os desafios.
Abordagem	O herói e seus novos aliados se preparam para o grande desafio no Mundo Especial.	O herói, apaixonado, procura dicas sobre relacionamentos a distância.
Provação	No meio da história, o herói entra em um espaço central no Mundo Especial e confronta a morte ou enfrenta seu maior medo. Desse momento de morte surge uma nova vida.	A busca passa a se concentrar em encontrar empregos em Paris e em reservar um voo de volta para lá.
Recompensa	O herói toma posse do tesouro conquistado ao enfrentar a morte. Pode haver comemoração, mas há o perigo de perder o tesouro novamente.	O herói, agora de volta a Paris, procura igrejas na cidade e ouve-se o som de sinos de casamento ao fundo.

O caminho de volta	A cerca de três quartos da história, o herói é levado a concluir a aventura e a deixar o Mundo Especial para garantir que o tesouro seja trazido para casa.	
A ressurreição	No clímax, o herói é testado mais uma vez no umbral do seu lar. É purificado por um último sacrifício, outro momento de morte e renascimento, mas em um nível mais elevado e completo.	O herói se tornou um homem casado e mora em Paris.
O retorno com o elixir	O herói volta para casa, carregando algum elemento do tesouro que tem o poder de transformar o mundo, assim como o herói foi transformado.	A última pesquisa do herói no Google é "como montar um berço", e ouvimos o choro de um bebê ao fundo.

Fonte: veja a nota 13.

O que isso tem que ver com o design de experiências? Tudo, acreditamos. A jornada do herói lhe dá um modelo para criar experiências nas quais os participantes se tornam os heróis. Novamente, você não precisa cobrir todas as etapas da jornada na experiência que está criando. Contudo, será que não faz sentido, ao conceber suas experiências, adotar um modelo que, há milhares de anos, tem servido de estrutura para histórias?

O que isso significa na prática? Considere o anúncio "Parisian Love", que detalhamos na tabela 8.2. É um ótimo exemplo de uma jornada completa do herói contada em apenas 52 segundos. O que é ainda mais surpreendente é que só o que se vê durante todo o anúncio é o motor de busca do Google em ação, com alguns efeitos sonoros e um diálogo quase inaudível. Apesar dessas restrições, você ainda vivencia o desenrolar de uma jornada heroica convincente em menos de um minuto. O URL do anúncio está incluído nas notas finais deste capítulo, portanto, basta conferir. Temos certeza de que você encontrará maneiras de inserir a jornada do herói em seu design de experiências. Imaginar os participantes como heróis ajuda a lembrar, no mínimo, que você está criando as experiências para atender às necessidades deles, não às suas. Recomendamos que utilize a estrutura da jornada do herói em seu trabalho de design de experiências. Temos certeza de que isso o levará a algumas perspectivas interessantes durante o processo.

HISTÓRIA PRINCIPAL OU SECUNDÁRIA?

Quando você lê um livro, assiste a uma peça de teatro ou filme, o que está vivenciando é a história principal. Essa é a parte da história que o romancista, roteirista ou dramaturgo compartilha com você, público. É a história que o conduz pelas cinco fases dramáticas. Em quase todos os casos, há também uma história de fundo não contada por trás da história principal. Ela consiste em todos os relatos e informações que embasam a história principal. Em geral, os autores fazem longas descrições de histórias secundárias de personagens e cenários para criar a história principal. Às vezes, as histórias secundárias são reveladas quando os autores são entrevistados sobre seu trabalho e recebem perguntas sobre personagens ou enredos. Em alguns casos, elas se tornam histórias principais. Essas são as chamadas histórias de origem, um elemento básico da maioria dos filmes de super-heróis.

Se as histórias secundárias são uma ferramenta tão útil para escritores, pois criam histórias ricas, parece razoável sugerir que as histórias secundárias também poderiam ajudar no design de experiências. Não é preciso procurar muito para encontrar exemplos de designers de experiências que empregam histórias secundárias para criá-las. Como já discutimos neste capítulo, os parques temáticos da Disney e o Wizarding World da Universal Studios são bem-sucedidos em virtude de suas histórias secundárias. Às vezes, uma história secundária pode consistir simplesmente em um tema bem conhecido — por exemplo, férias, piratas, tempos medievais — que permite que os participantes resgatem de imediato suas lembranças de encontros anteriores com o tema e as incluam na experiência que você criou.[16]

As histórias secundárias por vezes atuam como uma restrição facilitadora para os designers de experiências. Permita-nos explicar o que queremos dizer com essa expressão contraintuitiva, "restrição facilitadora".[17] O processo de design de experiências é um ato criativo, que, de início, deve ser abordado com a mente aberta em relação às possíveis direções que o processo pode tomar; as opções ilimitadas que elas produzem, porém, podem rapidamente parecer avassaladoras. Por certo, é comum que haja algumas restrições impostas externamente, como um público-alvo predefinido, um orçamento ou um local; uma ou mais dessas condições estabelecidas limitarão suas opções. Trata-se de restrições capazes de estreitar as opções viáveis e ajudá-lo(a) a focar no que é realmente viável no processo de design. As restrições podem impedir a inovação se o foco nelas for muito intenso no início do processo de design, mas acrescentar restrições facilitadoras, como temas e histórias secundárias, à medida que o design inicial for surgindo, ajuda bastante. Compartilharemos alguns exemplos reais para demonstrar o que queremos dizer.

A história do Centro Cultural Polinésio

O Polynesian Cultural Center [Centro Cultural Polinésio] em Laie, Havaí, é uma das principais atrações turísticas da ilha de Oahu.[18] Os 17 hectares do CCP são divididos em oito áreas, cada uma com foco em uma ilha polinésia diferente. Em 2015, o CCP concluiu um projeto de renovação de sete anos. Parte dele inclui uma nova área chamada Hukilau Marketplace, com lojas que homenageiam a história e a cultura antigas da comunidade local.[19] Mike Lee, presidente da MLD Worldwide, a empresa de design que supervisionou todo o projeto de renovação do CCP de 2008 a 2015, citou a criação de histórias secundárias como uma etapa fundamental no projeto do marketplace.[20] O design de cada loja foi orientado por uma história secundária detalhada sobre a vida em Laie nos anos 1950.

A história da Ikea

Outro exemplo de história secundária de design de experiências vem da Ikea. Como você talvez já saiba, comprar na Ikea é muito diferente da maioria das experiências de compras. A experiência da empresa implica não apenas o caráter "faça você mesmo" dos móveis, mas também uma jornada exclusiva do cliente. Ao visitar uma loja Ikea, em vez de subir e descer corredores de mercadorias, embarca-se em uma jornada por salas de estar, salas de jantar, cozinhas e banheiros totalmente mobiliados. Isso praticamente proporciona a sensação de estar andando pela casa de alguém — e, de certa forma, está.

Quando os designers da Ikea criam os leiautes das lojas, eles geralmente desenvolvem histórias secundárias sobre as famílias que "moram" lá.[21] Essas histórias secundárias incluem detalhes sobre quem mora em cada cômodo, o que fazem no trabalho e quais são seus *hobbies*. A riqueza dessas histórias secundárias ajuda os designers a criar espaços que parecem autênticos porque foram projetados para refletir a personalidade de seus ocupantes fictícios. Os designers da Ikea fizeram um excelente trabalho ao criar as *personas* desses indivíduos.

Sugerimos que você leve em consideração a possibilidade de criar uma história secundária na próxima vez em que for projetar uma experiência. Reserve um tempo para pensar na história por trás da experiência que está criando. No livro *The immersive worlds handbook*, Scott Lukas seu detalha o processo de design de mundos imersivos tangíveis, como parques temáticos e restaurantes.[22] Ao escrever uma história secundária para dar início ao seu processo de design, você criará um mundo intangível, oferecendo um contexto para a sua experiência. A história secundária é a história não contada da qual emergem experiências ricas.

RESUMO: O FINAL

A história — isto é, o capítulo 8 — está terminando. Cobrimos muito conteúdo, de *Avatar* às lojas da Ikea. Acreditamos muito em boas histórias. As grandes experiências geralmente são construídas com base nelas. Por isso, aconselhamos você a assumir o papel de contador de histórias ao projetar experiências. Que histórias você quer contar aos seus participantes? Que histórias você quer que seus participantes contem aos outros? Se você fizer isso bem, será um herói do design de experiências. As histórias proporcionam um drama interessante para as experiências que você criará. Às vezes, o uso de uma história preexistente o tirará de um bloqueio mental e o fará seguir em frente novamente, mesmo que não use a história que o(a) fez começar.

Percorremos um longo caminho desde o capítulo 1, mas temos mais alguns tópicos para abordar antes de terminarmos. Se comparássemos o progresso que fizemos até agora com o ato de fazer um bolo, nosso bolo recém-assado estaria esfriando no balcão e estaríamos prontos para aplicar a cobertura e a decoração — os toques finais. No próximo capítulo, discutiremos os fatores técnicos e artísticos que deverão ser considerados ao finalizar seus designs de experiências.

CAPÍTULO 9

Técnicas para o refinamento de experiências

Como mencionamos ao concluirmos o capítulo 8, projetar experiências é semelhante a fazer um bolo. Ambos os processos têm etapas que devem ser executadas na ordem correta. Para fazer um bolo, mistura-se a massa, assa-se o bolo e, em seguida, decora-se. Para muitos, o aspecto mais envolvente e gratificante do processo — além de comer o bolo, é claro — é cobri-lo e decorá-lo. O bolo serve como a tela na qual você expressa sua criatividade. Os enfeites são aquilo que as pessoas veem inicialmente e aos quais reagem. Essas decorações são o motivo que impulsiona tantos a assistirem a competições de bolos e *cupcakes* na TV — elas desejam ver as incríveis criações de confeiteiros experientes.

Embora muitos desses confeiteiros possam admitir uma preferência pela etapa de decoração na produção de bolos, eles não descartam a importância de criar um alimento úmido e delicioso como o ato fundamental de fazer um bolo. Ainda que sua aparência externa possa causar uma ótima impressão inicial, os sentimentos positivos sobre ele se dissipariam rapidamente se o sabor fosse horrível. Para fazer um ótimo bolo, é necessário envolver-se em todas as etapas necessárias, da mistura dos ingredientes ao cozimento e à colocação da última camada de *fondant*, cuidadosamente elaborada.

Ao planejar experiências, você também pode se sentir tentado a começar a trabalhar nos tipos de toque final que apresentaremos neste capítulo. Gostamos de chamá-los de refinamentos de experiências; eles são análogos aos estágios de cobertura e decoração de um bolo. Quando aplicados corretamente, podem transformar uma experiência comum — como acontece com o bolo — em extraordinária, desde que os elementos subjacentes sejam de alta qualidade. Portanto, lembre-se dessa analogia à medida que discutirmos o item refinamento. Se você seguir o processo de design de experiências apresentado no capítulo anterior e aplicar atentamente as demais ferramentas do *kit* do designer, criará experiências excelentes. Sim, isso exige tempo e atenção, mas vale a pena. É o que fazem as pessoas que criam experiências excelentes. Depois de passar pelas fases de ideação, prototipagem e teste, comece a pensar em adicionar os refinamentos discutidos aqui. Se fizer isso, será recompensado com uma experiência que não apenas será excelente, mas também proporcionará os resultados desejados.

Este capítulo também representa uma espécie de transição do design de experiências para a entrega. As ótimas experiências exigem tanto um ótimo design quanto uma ótima entrega. Um design incrível pode rapidamente se tornar sem sentido se a entrega for ruim. Na literatura acadêmica, chamamos a correspondência entre o design e a entrega da experiência de "fidelidade de implementação".[1] Uma alta fidelidade indica que a experiência foi entregue conforme concebida; uma baixa fidelidade indica que houve falhas na entrega. Embora o tópico da entrega da experiência mereça um livro próprio, independente, acreditamos que este capítulo é um bom começo para pensar no que você terá de considerar ao criar experiências e se preparar para entregá-las.

Inspirando-se nos exemplos da patinação artística, nos estudos de B. Joseph Pine II e James H. Gilmore[2] e nas pesquisas de especialistas em atendimento ao cliente — como as de Anantharanthan Parasuraman, Valarie Zeithaml e Leonard L.

Berry[3] — Bob e Gary Ellis, criaram um modelo de refinamento de experiências dividido em duas categorias.[4] Eles explicam esse modelo da seguinte forma:

> Na patinação artística, os juízes avaliam até que ponto os competidores executam corretamente habilidades específicas; é o desempenho técnico. Em uma avaliação separada, classificam a criatividade, a beleza e a interpretação musical dos competidores, por exemplo; é o desempenho artístico. Em consonância com essa metáfora, o "desempenho técnico" dos profissionais pode se distinguir do "desempenho artístico" quando se encena um espetáculo.[5]

As seções a seguir apresentam uma visão geral de fatores técnicos e artísticos selecionados. Sabemos que cada seção poderia ser muito mais longa, mas nem todas as variantes podem ser abordadas neste capítulo.

FATORES TÉCNICOS

Quando você participa de uma experiência, em geral tem um conjunto de expectativas básicas. Por exemplo, espera que o local esteja limpo, que a equipe da linha de frente seja educada e que a sinalização seja clara e informativa. Espera-se que certos fatores sejam executados adequadamente; esses são os fatores técnicos, e devem ser bem implementados ou prejudicarão o objetivo principal de proporcionar uma macroexperiência de qualidade. No vernáculo mais comum, os fatores técnicos são chamados de elementos de serviço de uma experiência. O *Merriam-Webster* define serviço como "trabalho útil que não produz um bem tangível".[6] Um exemplo típico de serviço ruim nos Estados Unidos é o Departamento de Trânsito. O produto que você recebe depois de uma visita ao departamento — uma carteira de motorista — é satisfatório, mas o que vivencia para obtê-lo muitas vezes não é desejável. Os Detrans americanos, provavelmente por operarem como monopólio, nem sempre dão a devida atenção aos fatores técnicos da experiência que oferecem. A maioria das organizações não pode operar como monopólio e, consequentemente, é provável que perca negócios se oferecer experiências ruins.

Nas seções a seguir, apresentaremos os fatores técnicos de serviço mais comumente associados a experiências de alta qualidade (veja a tabela 9.1, p. 215). Esses fatores foram extraídos de uma estrutura de qualidade de serviço desenvolvida por Parasuraman e colegas.[7] Nem todos os fatores técnicos serão aplicáveis a todas as experiências; portanto, determine quais são os mais importantes para aquelas que estiver criando.

Você notará que muitos dos fatores técnicos listados envolvem diretamente os funcionários da linha de frente e os atributos de serviço de uma experiência. Como mencionamos em nossa discussão sobre os colaboradores da linha de frente e dos bastidores (capítulo 6), os da linha de frente interagem diretamente com os usuários finais. Muitas vezes, esse funcionário pode, sozinho, redimir ou arruinar uma experiência, dependendo de como ele se envolve com os participantes.

Embora os fatores técnicos que discutiremos sejam elementos nos quais você provavelmente já pensou, acreditamos que reuni-los em uma estrutura promove uma reflexão sistemática sobre cada um deles ao projetar e entregar uma experiência. Considere a tabela 9.1 uma lista de controle dos elementos técnicos ou de prestação de serviços que servem de base para experiências de alta qualidade. Sabemos que cada um desses tópicos demanda muito mais do que podemos incluir neste livro, por isso nos concentramos em visões gerais e, em alguns casos, em erros que, acreditamos, são cometidos com frequência.

Tabela 9.1. Fatores técnicos parcialmente adotados a partir do trabalho de Parasuraman, Zeithaml e Berry

Comunicação	As informações necessárias sobre a experiência são claramente comunicadas aos usuários finais.
Competência	Os encenadores da experiência têm o conhecimento e a habilidade necessários para oferecer a experiência.
Cortesia	Os encenadores da experiência têm uma aparência profissional e interagem com os participantes de maneira profissional.
Credibilidade	Os encenadores da experiência são vistos como confiáveis.
Recuperação	Os encenadores da experiência conseguem se recuperar de um erro na entrega da experiência.
Confiabilidade	A experiência é executada de forma consistente e conforme o esperado.
Prontidão	As necessidades dos participantes são atendidas rapidamente.
Segurança	Os clientes se sentem emocional e fisicamente seguros durante a experiência.
Tangíveis	Os elementos físicos da *experiencescape* são de alta qualidade.

Fonte: veja a nota 3.

Comunicação

A comunicação eficaz com os participantes consiste em garantir que você revele o suficiente para que a experiência ocorra sem problemas, mas não muito, a ponto de deixá-los sobrecarregados. A comunicação eficaz não é necessariamente quantidade de comunicação, embora muitas vezes a quantidade seja a solução para problemas de comunicação percebidos. O teste é: as pessoas entenderam o que precisavam saber nesse ponto da experiência? Uma solução geral para o problema é distribuir as informações de acordo com a necessidade de conhecimento, de modo que nem todas elas sejam entregues de uma só vez. Para ajudá-lo a saber quando fornecer informações específicas, faça do conteúdo e da entrega da comunicação um elemento do seu mapa de experiências e dos gabaritos de ponto de contato. Isso o(a) ajudará a ter certeza de que está dizendo às pessoas o que elas precisam saber no momento certo.

A sinalização é outro importante canal de comunicação que requer atenção intencional. Quando os participantes estão desorientados ou perdidos em um ambiente de experiência, isso se deve a uma sinalização inadequada. Considere também as mensagens secundárias que a sinalização pode transmitir. Por exemplo, uma placa que diz "Somente funcionários" é muito mais amigável do que uma que diz "Mantenha-se afastado", mesmo que ambas tenham a mesma finalidade. Talvez você já tenha visto placas em estacionamentos alertando sobre os riscos de arrombamento de automóveis. Consegue pensar em uma maneira diferente de incentivar as pessoas a não deixarem objetos de valor no carro sem que elas comecem a experiência preocupadas? Tudo fala, lembra? Certifique-se de que as mensagens que você comunica aos participantes transmitam claramente as informações necessárias e também ajudem a promover os resultados pretendidos da experiência.

Competência

Os funcionários da linha de frente são competentes e bem treinados para seus respectivos cargos? Sabem as respostas para as perguntas que os participantes provavelmente farão? São capazes de concluir sua parte na jornada da experiência de maneira oportuna e competente? A incompetência da equipe gera frustração real nos participantes. Certamente, você já esteve em alguma situação em que havia várias filas de atendimento e acabou em uma que ficou parada porque o atendente não conseguia concluir alguma parte da transação. Depois, essa pessoa precisou chamar um colega da equipe, que atendia outra fila. Assim, duas filas ficaram paradas. Às vezes, a situação piora ainda mais e várias filas ficam paradas porque um só funcionário não consegue concluir determinada tarefa. A solução óbvia para esse dilema é ter uma boa equipe de supervisão, posicionada para intervir de imediato e corrigir os problemas que surgirem.

Vendedores com treinamento inadequado são frustrantes. Em muitas lojas de grande porte, encontrar a pessoa certa para responder à sua pergunta específica pode ser difícil, devido ao grande número de produtos oferecidos na loja. A maioria dos funcionários trabalha na caixa e sua especialidade é operar a máquina registradora, não compreender as características da mercadoria. Ter uma equipe bem treinada é um desafio se você tiver muita rotatividade da força de trabalho. Muitas vezes, os empregadores não querem investir recursos em treinar funcionários que logo perderão. Entretanto, funcionários mal treinados são um obstáculo para proporcionar boas experiências aos clientes. Portanto, é preciso encontrar um equilíbrio para atender tanto a organização quanto os clientes.

Cortesia

Em muitas situações, as interações de microexperiências com os funcionários da linha de frente têm uma influência significativa na macroexperiência geral de um participante. Os funcionários da linha de frente podem criar picos de experiência e compensar falhas se forem treinados corretamente. Há várias dimensões a serem consideradas quando se pensa nas interações entre funcionários e participantes. Primeiro, os funcionários são gentis com os clientes? Estes são tratados como indivíduos valiosos que a organização espera que retornem? Acreditam que sua presença é importante? Por exemplo, os clientes são cumprimentados ao entrarem no estabelecimento e também recebem um comentário de despedida apropriado ao saírem? Durante algum tempo, as farmácias Walgreen exigiam que cada funcionário concluísse as transações com o comentário "Estimo as melhoras!" — um resumo perfeito da razão de ser da Walgreen como empresa e de seu serviço aos clientes. Em alguns teatros, os atendentes agradecem a presença dos clientes quando eles deixam o local após uma apresentação. A cortesia nunca sai de moda e, em muitos casos, não é necessário um grande investimento de tempo, apenas as palavras certas no momento certo.

Os funcionários são adequadamente acolhedores? Observe que perguntamos se eles são *adequadamente* acolhedores; muitas vezes, os funcionários são incentivados ou treinados para serem inadequadamente acolhedores. Em alguns tipos de atendimento, falta um certo comportamento esperado. Por exemplo, nem sempre é indicado que funcionários jovens se dirijam aos clientes mais velhos pelo primeiro nome, mas isso acontece com frequência. Em muitas experiências, os clientes não esperam criar amizades duradouras com os funcionários da linha de frente. A interação é uma relação funcional que dura pouco tempo, sem expectativa de continuidade — por exemplo, interações com o garçom em um restaurante ou com um atendente do guichê de passagens no aeroporto.

A necessidade de segurança tornou a cortesia dos funcionários um desafio assustador em muitos locais, pois o primeiro contato do cliente com a experiência em geral envolve o protocolo de segurança e o pessoal relacionado a ele. Isso ocorre não apenas nos aeroportos, mas também em muitos estádios e locais de grande porte. Infelizmente, a maioria dos funcionários de segurança não se vê como membros da equipe que proporciona uma experiência agradável aos clientes; na verdade, eles encaram seu papel como pessoal de fiscalização. No entanto, com o treinamento adequado, é possível que esses indivíduos assumam ambas as funções. Recentemente, Mat levou a família para a Disney, onde notou como os seguranças se encarregavam de tornar a fila do setor uma experiência positiva. Conhecendo o rigor da Disney, eles provavelmente foram treinados para tal fim. Suas ações variavam de brincadeiras enquanto examinavam as bolsas ao incentivo para que todos na fila se alegrassem porque já estavam quase entrando no parque.

Como garantir que os funcionários na linha de frente sejam acolhedores e cordiais? Parece óbvio, mas pensar a respeito e desenvolver diálogos e roteiros que enviem as mensagens pretendidas é essencial. Não basta simplesmente contratar pessoas amigáveis; é preciso criar uma cultura intencional de cortesia e treinar a equipe de acordo. Isso vale para todos os funcionários, bem como para os voluntários que interagem diretamente com os usuários finais. Lembre-se do modelo da The Color Run discutido no capítulo 6: se você souber o que deseja que os participantes digam em vários pontos de contato ao longo da jornada, poderá capacitar a equipe da linha de frente a pensar proativamente no que eles podem fazer para promover as reações desejadas.

Credibilidade

As ações e atividades da equipe da linha de frente inspiram confiança em sua capacidade de atender às necessidades dos clientes e oferecer corretamente a experiência pretendida? Isso é importante sobretudo em experiências que envolvem algum risco — aventuras ao ar livre, por exemplo. Muitas vezes, um simples comentário inicial sobre há quanto tempo alguém trabalha em determinada posição ou com que frequência esse membro da equipe visitou um local podem inspirar confiança e dissipar preocupações. Para tanto, é interessante que a equipe tenha um diálogo de abertura previamente elaborado para dar as boas-vindas aos participantes, inspirar confiança na capacidade do membro da equipe de operar a experiência e oferecer uma prévia do que ocorrerá. As pessoas que receberam treinamento em liderança de eventos sabem disso. Porém, alguns dos funcionários podem não ter recebido esse treinamento e precisarão passar por ele.

Certa vez, Bob foi convidado para ajudar a organizar a cerimônia de formatura de uma universidade. Nos anos anteriores, ocorreram problemas com os alunos participantes, que não seguiam as instruções, fazendo que os membros do corpo docente tivessem dificuldades para organizá-los em filas. No ano anterior, os professores haviam tentado usar megafones para dar instruções. Ele sugeriu que, em vez disso, tentassem estabelecer um contato individual com os alunos que chegavam, cumprimentando-os, apresentando-se, parabenizando-os pela formatura, dando-lhes as boas-vindas à cerimônia e dizendo-lhes o que precisavam fazer como participantes. Isso não demorou muito e funcionou bem. Os alunos foram acolhidos, viram que alguém estava no comando e souberam que havia um plano do qual faziam parte para completar o evento. Os alunos que já haviam recebido as informações se sentiram responsáveis por repassá-las aos que chegavam. Nesse caso, o fato de proporcionar o conhecimento necessário para participar do evento de formatura gerou credibilidade.

Recuperação

As experiências são entregues e consumidas ao mesmo tempo; nesse processo de produção em tempo real, invariavelmente ocorrem alguns erros. Quando isso acontece, como os membros da equipe da linha de frente se recuperam? A equipe deve estar preparada para se recuperar de erros previstos e previsíveis com tranquilidade. Por exemplo, em operações que envolvem um grande número de famílias, é previsível que crianças se percam. Há um plano para lidar com isso?

Em um caso famoso, ocorrido em 2017, a United Airlines forçou um passageiro que já estava a bordo da aeronave a devolver seu assento. Esse é um bom exemplo de planejamento inadequado de uma ocorrência previsível.[8] Será que ninguém imaginou que um passageiro poderia resistir a ceder seu assento depois de já estar a bordo da aeronave? Aparentemente, não! Pior: a organização não se mostrou preparada para se recuperar do incidente em curto prazo, condenando a empresa aérea a uma publicidade muito negativa, a um grande acordo financeiro e à desvalorização de suas ações.

Todos nós já vivenciamos algum tipo de incidente negativo em restaurantes. Pedidos esquecidos ou incompletos e cobranças errôneas são erros previsíveis comuns. A equipe de garçons deve ser treinada e estar preparada para se recuperar desses incidentes previsíveis. O ideal é que os problemas nunca aconteçam, mas, como afirma a Lei de Murphy, "tudo que pode dar errado dará errado". Quando houver irregularidades, a equipe deverá estar preparada para se recuperar com elegância e receber a autoridade necessária para fazê-lo, pois se recuperar de um erro com êxito pode conquistar mais a fidelidade do cliente do que se o erro jamais tivesse sido cometido.[9]

Confiabilidade

Confiabilidade é garantir que o que foi prometido seja de fato cumprido. A experiência foi organizada de forma eficaz para garantir que as expectativas do cliente fossem atendidas e os resultados pretendidos pelo designer alcançados? Conhecer a origem das expectativas ajuda a garantir sua entrega. Por vezes, os designers de experiências criam expectativas nos folhetos de seus programas ou na campanha publicitária. São aquelas já conhecidas.

No entanto, pode haver expectativas criadas de uma forma que você talvez não conheça. Recomendações boca a boca de participantes anteriores às vezes criam expectativas desconhecidas e possivelmente irreais. As pessoas podem ter participado de uma experiência semelhante operada por outra organização e presumir que sua operação será idêntica. Ou os participantes podem ter vivenciado uma experiência semelhante, como uma aula de golfe, por exemplo, e supor que suas aulas de tênis serão conduzidas da mesma forma.

Seth King, vice-presidente de marketing da marca de equipamentos para atividades ao ar livre Cotopaxi, observa que "a perspectiva do cliente em relação à sua marca é cumulativa".[10] Quer dizer que, mesmo que você tenha mudado as experiências que oferece, os participantes recorrentes trarão expectativas baseadas em suas experiências anteriores, e é preciso saber quais são elas. Eles podem ficar desapontados porque a experiência "não foi como da última vez", embora você julgue tê-la aperfeiçoado. Outras empresas também podem estabelecer padrões de expectativa que você talvez desconheça, mas que, de qualquer forma, serão avaliados. Se você fez tudo o que tinha de fazer em relação à empatia, conforme descrito no capítulo 5, está pronto para oferecer altos níveis de confiabilidade e atender às expectativas dos participantes.

Prontidão

Os funcionários da linha de frente reagem às solicitações dos participantes de forma rápida e adequada? A capacidade de resposta costuma se concentrar em lidar com situações em que o procedimento de rotina falhou e o cliente precisa buscar uma alternativa. Outras vezes, ela está ligada a situações em que o cliente tem um problema específico que precisa ser resolvido. É muito provável que esses cenários ocorram; portanto, os membros da equipe precisam prever sua ocorrência e estar preparados para lidar com os que surgem no dia a dia.

Todos nós já vivenciamos o problema de tentar atrair a atenção de alguém para pedir ajuda. Os membros da equipe que estão organizando uma experiência devem estar visíveis e disponíveis para os participantes. Um membro da equipe disponível é a principal necessidade dos participantes; um membro da equipe treinado e capaz de reagir adequadamente é a segunda. Com muita frequência, os clientes precisam esperar que um supervisor da equipe ou alguém com autoridade superior reaja a algo que não seja rotineiro. As políticas operacionais devem capacitar a equipe da linha de frente a solucionar problemas recorrentes previstos para que eles sejam tratados de forma rápida e na íntegra.

A prontidão de resposta se torna difícil em contextos em que os clientes podem ter noções diferentes sobre a capacidade adequada de resposta, como em restaurantes. Para se mostrarem disponíveis e receptivos, os garçons de determinadas redes de restaurantes são treinados para retornar com frequência aos clientes — com tanta frequência que, às vezes, estão presentes para verificar a primeira garfada. No entanto, níveis extremos de prontidão podem facilmente se transformar em uma presença excessiva, quase como se os funcionários estivessem pairando de forma incômoda. Nossa preferência é que a equipe de garçons esteja de prontidão quando necessário, mas que não invada a conversa à mesa com um fluxo constante de perguntas e interrupções. É claro que outros clientes podem preferir atenção constante. Fazer isso do modo certo pode ser difícil.

A fim de melhorar a capacidade de resposta, algumas redes de hotéis agora têm um único número para o qual os hóspedes podem ligar se tiverem necessidades e perguntas. O operador que atende a esse número geralmente tem autonomia para obter uma resposta imediata, seja para o serviço de arrumação, financeiro ou manutenção. Antes, o recepcionista do hotel costumava perguntar ao telefone: "Com que departamento você deseja falar?" Agora, ele toma a decisão pelo hóspede, determinando qual é o departamento adequado para responder à sua pergunta; o cliente não precisa mais descobrir isso ligando para vários departamentos diferentes até que o correto seja localizado.

Segurança

As pessoas sempre tiveram a necessidade básica de se sentir seguras. Hoje, está claro que há uma necessidade maior de garantir aos participantes da experiência que eles estão seguros — física, social e emocionalmente. Infelizmente, alguns dos procedimentos necessários para garantir a segurança são invasivos ou tomam um tempo que poderia ser usado para a experiência em si. Seja criativo ao pensar em maneiras de manter as pessoas seguras. Tente fazer que elas se sintam acolhidas e, ao mesmo tempo, confiantes em relação à segurança. Pense na experiência de Mat na Disney. Ter de ficar em uma fila de segurança para entrar no "Lugar mais feliz da Terra" parece irônico, porém, a limpeza do local, a música temática tocando ao fundo e a cortesia dos funcionários fazem dessa fila uma experiência de expectativa positiva, não uma experiência frustrante, que gera ansiedade. Isso foi alcançado com um bom design de experiência.

Também é importante que os procedimentos de segurança façam que os participantes se sintam seguros. Nos Estados Unidos, as opiniões variam quanto ao nível de segurança dos procedimentos da Transportation Security Administration (TSA [Administração de Segurança nos Transportes]) nos aeroportos. As bem disseminadas informações sobre as deficiências dos agentes da TSA em vários testes referentes a seus procedimentos aumentam esse ceticismo. Os protocolos atuais são pensados para que a equipe da TSA passe a mesma quantidade de tempo com cada passageiro, em vez de fazer a triagem e passar mais tempo com passageiros de alto risco. Essa abordagem também prejudica o apoio e a confiança no processo. O ônus para o designer de experiências é desenvolver protocolos de segurança que pareçam apropriados, consumam o mínimo de tempo possível e criem uma sensação de proteção por meio de segurança real, e não de uma ilusão. No mundo de hoje, não há dúvida de que a segurança é necessária, e a forma como é implementada deve ser uma parte positiva da jornada de experiência de cada participante — e não se tornar um ponto negativo marcante dela.

Tangíveis

Os aspectos tangíveis correspondem aos elementos físicos do local e ao ambiente em que a experiência acontece. A primeira preocupação é selecionar um local apropriado para a atividade pretendida. O leiaute físico e o design do local são apropriados para a experiência que está sendo oferecida? Há muitas preocupações óbvias com relação às instalações, como tamanho adequado, boa acessibilidade, assentos suficientes e assim por diante. O local está limpo, organizado e em ordem? As pessoas preferem instalações limpas e organizadas, que sejam bem projetadas. O local é confortável no que se refere a temperatura e umidade? Os níveis de som da música ou das apresentações são adequados?

Hoje, até mesmo as fábricas costumam ser mantidas limpas e arrumadas ao máximo, pois isso aumenta a segurança e a satisfação dos funcionários, bem como a produtividade. Essa questão parece óbvia, mas, inadvertidamente, pode prejudicar uma boa experiência. Espera-se que os itens tangíveis estejam em ordem, então em geral não há elogios se estiverem, mas há grande descontentamento se não estiverem. Lembre-se dos banheiros do Buc-ee's, um aspecto tangível que se transformou em um ponto de contato memorável da experiência!

FATORES ARTÍSTICOS

Enquanto os fatores técnicos se enquadram na categoria de expectativas básicas da experiência de serviço, os artísticos (veja a tabela 9.2, p. 227) são um conjunto de estratégias de encenação, em grande parte inspiradas em Pine e Gilmore.[11] Eles agregam valor inesperado às suas experiências e ajudam a embelezá-las. Não é preciso se esforçar para usar todos os fatores artísticos em todas as experiências que você criar; o ideal é selecionar aqueles que mais valorizam a experiência específica — ou seja, que de fato contribuem para os resultados desejados e se alinham ao tema. Nas seções a seguir, apresentaremos exemplos de como cada fator contribuiu de forma única para uma experiência. Reiteramos, é óbvio que muito mais poderia ser escrito sobre cada um deles.

Caracterização

Sua experiência deve carregar uma marca distintiva, algo que a torne única. A ideia de caracterizar os papéis de encenação

Tabela 9.2. Fatores artísticos

Caracterização	Garantir que suas experiências tenham um estilo característico e reconhecível.
Customização	Modificar as experiências para atender às necessidades e aos desejos de cada participante.
Empatia	Dedicar atenção aos participantes com base em tentativas de enxergar a experiência a partir da perspectiva deles.
Aprofundamento da experiência	Projetar intencionalmente todas as fases —expectativa, participação, reflexão — de uma experiência.
Memorialização	Criar pontos de contato para produzir memórias aos participantes.
Sensibilização	Considerar os cinco sentidos ao projetar experiências.
Tematização	Usar temas para orientar o design de uma experiência.

da experiência — por exemplo, os funcionários da Disney são chamados membros do elenco, os do Esquadrão Geek da Best Buy de agentes —, ideia introduzida por Pine e Gilmore,[12] pode ser aplicada às próprias experiências. De que maneira participar de sua experiência é diferente de participar de outras opções disponíveis? As companhias aéreas se esforçam bastante para oferecer uma experiência com identidade própria. Voar com a Southwest, por exemplo, é diferente de voar com a American Airlines. Ambas têm aviões bem equipados e podem levar os passageiros aos mesmos destinos, mas há diferenças marcantes, como a forma como decoram as aeronaves, o público que procuram atrair, os alimentos que servem — ou deixam de servir —, o entretenimento oferecido a bordo e a política de cobrança para despacho de bagagem, além de diversos outros aspectos que conferem a cada empresa aérea um caráter distinto.

As empresas que oferecem viagens de aventura variam quanto ao número de tarefas que esperam que os clientes realizem em relação àqueles que os membros da equipe realizarão. Isso, é claro, afeta o preço, mas também a natureza da viagem. Montar e desmontar o acampamento todos os dias dá muito trabalho, mas alguns clientes consideram essa tarefa um elemento importante e querem participar. Da mesma forma, remar em um barco é um trabalho árduo que alguns clientes querem fazer, outros não. Os organizadores de caminhadas às vezes variam o rigor da jornada de cada dia e a distância que esperam percorrer. Em algumas delas, os caminhantes precisam se deslocar em um ritmo acelerado; em outras, permitem um ritmo mais tranquilo. As escolhas feitas por esses provedores caracterizam o serviço que oferecem e os diferenciam dos concorrentes. Divulgar essas informações no site da organização ajuda a distingui-la e a destacar seus produtos dos demais.

Por vezes, os *games* são comercializados como tendo sido criados por um designer específico, que adquiriu reputação em virtude de determinados recursos. Esses jogos vêm com a expectativa de um estilo específico e um nível de qualidade associado ao designer. O desenvolvimento de um personagem característico para suas experiências pode ajudá-lo a conquistar um nicho de mercado específico e exclusivo. Os clientes devem ser capazes de articular facilmente a natureza exclusiva das experiências que você oferece. Se não conseguirem fazer isso, então há mais trabalho a ser feito.

Customização

Já comentamos que as pessoas terão reações diferentes às experiências que você criar. E essas interpretações alternativas permitem customizar um evento para alguém específico. No entanto, o designer também poderá criar intencionalmente gabaritos de pontos de contato que permitam a interpretação e a ação individuais; ou seja, planejará mais possibilidades dentro de uma experiência. Bob já esteve envolvido na coordenação de um programa de atividades manuais para crianças durante o verão. Uma das atividades era pintar bonequinhos de gesso. De início, a equipe forneceu às crianças um exemplo de bonequinho já pintado. E sim, quase todas as crianças tentaram reproduzir o exemplo fornecido pela equipe.

Em resposta, os organizadores do programa identificaram duas opções: apresentar mais exemplos — ou seja, mais opções — ou não apresentar nenhum. Decidiram então parar de oferecer exemplos, deixando que as crianças desenvolvessem ideias próprias. Essa decisão aumentou a *affordance* da atividade — sem um exemplo, as crianças tinham mais possibilidades interativas e podiam experimentar várias opções para chegar a uma customização exclusiva.

Sem exemplos = sem escolhas predeterminadas = opções não dirigidas e de autodescoberta para os participantes. Tendo suas próprias escolhas, algumas crianças tentaram pintar os bonecos de modo que refletissem a realidade, enquanto outras os pintaram de forma abstrata; houve aquelas que usaram cores vivas e básicas, comumente empregadas em desenhos animados; outras simplesmente fizeram uma grande bagunça. No entanto, todas essas escolhas foram delas.

A customização às vezes interfere na eficiência e exige mais trabalho. Todavia, as pessoas geralmente querem as coisas do seu jeito. Outro exemplo de customização é a encenação de uma viagem organizada. É sempre um risco para o líder da viagem liberar os participantes para fazer certas coisas por conta própria: dar a eles liberdade para entrar em lojas de seu interesse, comer em um restaurante de sua preferência, passar mais tempo vendo uma obra de arte do que outra, e assim por diante. Embora manter os participantes reunidos em um único grupo, liderado pelo chefe da excursão (que, portanto, acompanha os participantes), seja a maneira mais eficiente e segura de garantir que todos estejam sob controle, esse arranjo geralmente é o menos satisfatório para os participantes.

Em outras experiências, criar customização é mais fácil e menos dispendioso. Hoje, os computadores são tão eficientes que qualquer coisa que seja informatizada pode ser fornecida por meio de múltiplas opções com pouco investimento extra. As experiências de compras *online* são rotineiras e oferecem inúmeras opções para quase todos os produtos. Não é preciso ir além do teclado do computador para ter acesso a estoques de produtos que não podem ser armazenados em um único local por uma loja física de varejo. Os programas de compras mais envolventes são elaborados para tornar a experiência uma descoberta e, muitas vezes, as opções oferecidas são sequenciadas para ajudar os consumidores a criarem o produto que desejam. Alguns dos melhores programas também são educativos e oferecem excelente conteúdo.[13]

Customizar, possibilitando a escolha individual, costuma ser preferível a não oferecer nenhuma escolha. No entanto, a customização às vezes é mais cara do que as experiências não customizadas, de modo que o designer precisa avaliar o *trade-off* óbvio. Joseph Pine II escreveu amplamente sobre o que ele chama de "customização em massa" e discute a diferença entre oferecer variedade e oferecer uma escolha real. Se estiver interessado em aprender mais sobre esse tópico, recomendamos que consulte seus textos.[14] Também é preciso ter cuidado com a customização, pois, como Barry Schwartz observa no best-seller *O paradoxo da escolha*, quando se trata de tomar decisões, mais nem sempre significa melhor.[15] Na verdade, nosso cérebro tem dificuldade para tomar decisões quando lhe são apresentadas muitas opções; portanto, use suas estratégias de customização com sabedoria.

Empatia

A empatia é importante para o design de experiências[16], bem como para a entrega delas.[17] Demonstrar empatia e compreender o dilema de um cliente é uma boa primeira resposta para a maioria dos problemas ou situações. No entanto, isso pode acabar sendo feito em excesso e, em alguns pontos de venda, é o que acontece. Por exemplo, os funcionários de uma loja de produtos nutricionais que Bob frequenta sempre parecem ter o mesmo problema que ele e conseguem identificar de imediato um produto que os ajudou a resolvê-lo. Notável! A empatia só funciona quando é sincera.

Deixando os excessos de lado, mostrar-se solidário com a situação de um cliente é sempre uma boa maneira de começar a retificar uma situação. Quando há um problema com uma cobrança incorreta, por exemplo, o simples comentário de um membro da equipe, "Que irritante, não é? Vamos dar uma olhada", inicia o processo do lado do cliente. Não houve admissão de um erro, mas existe a possibilidade de que ele tenha ocorrido à medida que a conversa avança. O treinamento da equipe de atendimento para responder com esse comportamento garantirá que eles revelem empatia e compreensão aos clientes.

Também é uma boa estratégia, no início da conversa, saber qual é o remédio que o cliente tem em mente. Descobrir o objetivo final do ponto de vista do cliente é extremamente útil para traçar estratégias ao longo da conversa. Fazer isso logo no início oferece aos funcionários pistas importantes — tanto sobre a viabilidade de encaminhar a demanda, caso o resultado esperado seja realista e possível, quanto sobre a melhor forma de conduzir e concluir a situação. Às vezes, as expectativas iniciais dos clientes não são realistas, e a estratégia de conversa precisa se concentrar imediatamente em possíveis resoluções realistas.

Há também ocasiões em que os problemas não chegam a uma conclusão satisfatória e é melhor parar de perder tempo com eles o mais rápido possível.

Aprofundamento da experiência

As experiências profundas são aquelas em que as fases de expectativa, participação e reflexão foram intencionalmente projetadas para criar harmonia ao longo de todo o processo. Coletivamente, uma experiência profunda inclui o espaço sociopsicológico ocupado pela experiência como um todo. Embora as três fases sejam importantes, a tendência é concentrar-se na encenação da fase de participação e dar menos atenção às de expectativa e reflexão. Para revisar um pouco os capítulos anteriores, lembre-se de que a expectativa começa no primeiro ponto de contato do mapa da jornada de experiências. Pode ser um anúncio, comunicação boca a boca com um participante anterior ou informações enviadas por mensagem de texto por um participante prévio. Esses contatos iniciais são pontos importantes para criar expectativas sobre a experiência. Os designers devem ter cuidado nesse momento, certificando-se de que estão aplicando a verdade na publicidade. Atender às expectativas leva à satisfação do participante. De fato, você deseja promover a sua experiência, mas deve ser capaz de atender às expectativas que criou; caso contrário, terá participantes decepcionados e insatisfeitos.

O design da fase de participação recebeu tratamento adequado em outra parte do livro; portanto, não dedicaremos mais tempo a essa etapa. A encenação concreta de uma experiência e, portanto, a implementação da fase de participação, também é demorada — é aquela que costuma demandar mais tempo. Isso, porém, ocorre após o design. A reflexão também é uma fase importante que recebe pouca atenção. Concentre-se nos finais; eles são o ponto de separação de sua experiência. Chip e Dan Heath observam que os finais são mais precisamente considerados transições de uma experiência para a próxima e constituem excelentes oportunidades para criar picos intencionais.[18] As interações finais serão o último contato que os participantes terão com a experiência que você criou, e é provável que elas influenciem as lembranças resultantes que levarão consigo. As pessoas frequentemente se lamentam ou refletem em conjunto sobre a experiência com outras pessoas que compartilharam do mesmo evento. Mensagens de texto e outras redes sociais são muito usadas nesse processo, sendo aconselhável facilitar essas trocas para ficar ciente da narrativa. Muitas vezes, durante esse processo, os participantes recriam a narrativa da experiência e seu significado para eles.

A lembrança de uma experiência é mais refinada quando há objetos que a induzem e existem inúmeros artefatos para servir de sinais. As perguntas enviadas por você por mensagem de texto são apenas um dispositivo de acionamento para facilitar a recordação. Fotografias e vídeos da experiência são sinais bem conhecidos e comuns. Reconhecimentos formais de uma experiência, como certificados ou outros documentos específicos, são úteis. Camisetas e demais objetos físicos associados à experiência podem ser incluídos no preço de compra para promover a lembrança. Às vezes, recordar uma experiência implica pessoas, não apenas objetos — por exemplo, reuniões de acompanhamento e outras do gênero congregam grupos da experiência.

Um designer de experiências provavelmente dará muita atenção à fase de participação, mas gostaríamos de lembrar que as fases de expectativa e reflexão podem ser usadas de forma eficaz para o refinamento da experiência e para aumentar a probabilidade de uma recordação positiva.

Memorialização

Abordamos brevemente a memorialização na seção anterior. Construir pontos de contato com o objetivo de ajudar a criar memórias duradouras é sempre um desafio. Muitos designers de experiências tentam criar um fator "uau" para proporcionar aos participantes uma lembrança única. O problema com essa abordagem é que ela exige que os designers criem novos e maiores "uaus" para os participantes recorrentes. Isso não quer dizer que você não deva projetar momentos surpreendentes, mas certifique-se de que a direção que estão tomando seja possível e sustentável nas operações subsequentes da experiência.

Fotografias e vídeos de momentos únicos em experiências criam indícios de lembranças duradouras, além de "pontos de ostentação" para compartilhar com amigos e familiares. Colocá-las no YouTube e em outras plataformas acessíveis na internet proporciona maior exposição. Em virtude da grande quantidade de suvenires disponíveis para compra na maioria dos eventos e experiências, as fotografias e os vídeos estão se tornando as poucas lembranças únicas e autênticas que podem ser obtidas. Os organizadores de eventos costumam se esforçar muito para oferecer aos participantes uma foto exclusiva — de preferência apenas com o participante — e elementos físicos importantes da experiência. De fato, a fotografia no local tornou-se um importante fluxo de receita para inúmeras empresas. Muitas vezes, os participantes podem tirar as próprias fotos; porém, em muitos casos, o melhor ângulo ou local para uma foto é reservado para o fotógrafo comercial, que a disponibiliza mediante pagamento.

É importante que os designers de experiências conheçam os pontos de contato significativos em suas criações e refinem a capacidade de memorializá-los utilizando o drama ou a decoração adequados, especificados no gabarito de ponto de contato. Observemos novamente as cerimônias de formatura das universidades. Normalmente, esses eventos contam com a presença da família e dos entes queridos dos alunos que estão se formando, bem como de um contingente de pessoas que devem estar presentes, inclusive professores e administradores. Eles incluem muita pompa e circunstância, mas o ponto de contato mais importante para muitos participantes é ouvir a leitura do nome do aluno em voz alta e ver o diploma sendo entregue por uma autoridade universitária. Quando há um grande número de alunos, completar esse exercício se torna um desafio ainda maior. No entanto, a solenidade de formatura é tão importante que a maioria das universidades encontra alguma maneira de realizar isso, seja na cerimônia principal ou em cerimônias separadas organizadas por cursos individuais ou por alguma outra unidade. Essas cerimônias envolvem um grande teatro, que é parcialmente criado com os trajes especiais que os membros do corpo docente vestem. A maioria das outras pessoas que exercem profissões que requerem togas, como juízes e clérigos, usam seus trajes rotineiramente no desempenho de suas funções. No entanto, os membros do corpo docente da universidade vestem esses trajes apenas durante as cerimônias de formatura, as comemorações de aniversário da instituição e em outras ocasiões acadêmicas ao longo do ano. Portanto, um grande esforço e uma variedade de estímulos intencionais são empregados para tornar memoráveis as cerimônias de formatura.

O teatro específico caracteriza outras celebrações culturais e ritos de passagem. O batismo cristão, por exemplo, consiste em derramar água sobre a testa de uma pessoa ou mergulhá-la na água e ungi-la com óleos, além de fazer orações especiais. Essa ocasião geralmente conta com a presença de todos os familiares próximos, o que reforça a importância do batismo. Essa cerimônia e os artefatos que a acompanham são raramente vistos e, portanto, seu uso é memorável. *Bar* e *bat-mitzvás* constituem também ritos de passagem únicos na vida e são cerimônias de iniciação para meninos e meninas da fé judaica. *Quinceañera* é a tradição hispânica de comemorar a maioridade de uma jovem em seu aniversário de 15 anos, o que inclui ritos de passagem religiosos e culturais que a guiam da infância à maturidade. Microexperiências culturais ou religiosas específicas tornam cada uma dessas ocasiões memoráveis.

Chip e Dan Heath destacam quatro técnicas que podem ser adotadas para memorializar as microexperiências ou, em outras palavras, convertê-las de pontos de contato comuns em extraordinários:[19]

- **Elevação.** Use a surpresa e os estímulos sensoriais para fazer que um ponto de contato se destaque de forma exclusiva. Na próxima seção, daremos mais detalhes sobre a sensibilização como ferramenta para elevar as experiências.
- ***Insight.*** Crie oportunidades para que os participantes aprendam algo novo sobre si mesmos ou sobre o mundo à sua volta. Esses pontos de contato são mudanças de paradigma projetadas ou, como as rotulamos no capítulo 3, experiências transformadoras.
- **Orgulho.** Promova experiências em que os participantes possam mostrar o melhor de si mesmos. Corridas, eventos para o reconhecimento de funcionários e oportunidades de prestação de serviços são exemplos de experiências que geram orgulho.
- **Conexão.** Reconheça que as experiências que ajudam a criar e fortalecer os vínculos sociais com outras pessoas muitas vezes podem estar entre os tipos mais marcantes. Isso se torna óbvio quando você reflete sobre como valoriza as lembranças de experiências em que relações foram iniciadas e/ou fortalecidas

— por exemplo, primeiros encontros, reuniões de família, acampamentos de verão.

O livro de Chip e Dan é uma excelente leitura, e recomendamos que tenha um exemplar em sua biblioteca profissional. Ele oferece inúmeros exemplos excelentes sobre como transformar o comum ou inesperado no que os autores chamam de "momentos decisivos".

Sensibilização

É impossível exagerar a importância da sensibilização, ou seja, de projetar para encantar e surpreender os sentidos. Ao criar e encenar experiências, avalie continuamente a contribuição ou a distração de cada perspectiva sensorial: visão, audição, olfato, tato e paladar. A iluminação é adequada? Como são o som, o cheiro, a sensação e o sabor da experiência? Diferentes sentidos serão destacados dependendo da experiência, mas não negligencie nenhum deles, pois a sensibilização pode ser decisiva. O ideal é que as pistas sensoriais se alinhem e complementem a experiência geral pretendida. Abordamos esse tópico no capítulo 4, ao discutir o papel do lugar na *experiencescape*. Portanto, sinta-se à vontade para rever essa seção.

Tematização

A importância e o poder dos temas foram um tópico importante em *The experience economy*, de Pine e Gilmore.[20] Em geral, desenvolvemos muito bem o tema em eventos familiares com elementos temáticos estabelecidos, como Natal, Hanuká, aniversários ou o Dia da Independência. Um tema é um conceito abrangente reconhecível ou dominante que dá harmonia a determinada experiência. Sabemos que os corações, a cor vermelha, as rendas, os doces, as flores e o ícone do cupido chamam a atenção e reforçam o tema do Dia dos Namorados. Porém, muitas vezes não estabelecemos nem desenvolvemos totalmente um tema para outros eventos menos conhecidos ou cotidianos. Fazer isso costuma aprimorá-los.

Tematizar uma experiência pode ser tão elaborado quanto o orçamento permitir ao designer. Os organizadores de casamentos sabem disso e têm uma grande variedade de itens temáticos destinados aos noivos. A maioria dos itens é tematizada por meio da customização com os nomes do casal e a data do casamento impressos. Hoje, porém, muitos casais vão além desses itens comuns. Tematizar é tão importante que alguns deles trabalham com o planejador do casamento para desenvolver um tema pessoal, geralmente selecionando um tema exclusivo, que seja conhecido por amigos, familiares e convidados. Alguns exemplos: mel produzido pela família do casal, porta-latas personalizados para beber cerveja em um casamento com tema rural. Outros exemplos se referem às crenças ou aos projetos pessoais do casal, como sementes de flores silvestres para aqueles comprometidos com a proteção ambiental.[21]

Um desafio em relação à tematização é investir recursos com sabedoria. Tematizar deve reforçar o resultado pretendido da experiência de modo agradável e acolhedor. Porém, a tematização pode ser feita em excesso e, assim, prejudicar a experiência. Outro desafio é eliminar tudo que for contrário ao tema da experiência, o que pode ser um problema quando um organizador aluga um local que normalmente é utilizado para uma finalidade diferente. Por exemplo, as universidades costumam usar a quadra ou o ginásio esportivo para as cerimônias de formatura.

Normalmente, há muitos indicadores visuais de que se trata de um local esportivo, e pode ser necessário eliminá-los ou cobri-los para criar uma atmosfera adequada para o evento. Bob, que já participou de várias dessas solenidades, notou que, quando elas são realizadas em um local esportivo, as pessoas tendem a gritar sempre que um aluno é anunciado; já quando acontecem em teatros ou auditórios, elas são menos barulhentas.

A falta de tematização pode prejudicar as experiências. Um bom exemplo disso fica claro em muitos festivais de cidades pequenas. Embora todos eles tenham um tema principal, a maioria dos vendedores de alimentos e também de artes, artesanato e mercadorias se deslocam de um festival para outro. Levam o mesmo estande para cada um dos eventos e vendem a mesma mercadoria, criando assim uma mesmice entediante. Mesmice é igual a baixo valor, e a exclusividade é a chave para uma experiência memorável.

Em contrapartida, a maioria das feiras medievais é realizada em instalações mais permanentes, as barracas de comida são temáticas e há uma tentativa de oferecer alguma exclusividade e tematização aos próprios alimentos. Os itens comercializados no varejo são exclusivos e relacionados ao tema. Nesse caso, esses elementos contribuem para a temática, fazendo uma grande diferença na experiência. Todos os membros da equipe das feiras medievais estão vestidos a caráter. Muitos espectadores que comparecem regularmente a esses eventos também usam trajes temáticos, o que contribui para a sensação autêntica e participativa da experiência.

À medida que as empresas reconhecem cada vez mais o papel de impacto que as experiências podem desempenhar para conectar os clientes às marcas, o campo do marketing de experiências tem crescido muito nos últimos anos. Inúmeras corporações apresentam o logotipo e o *slogan* de suas marcas nos eventos que patrocinam e, às vezes, usam ambos como base de um tema. Essas empresas escolhem cuidadosamente os eventos e outras experiências a patrocinar, procurando aqueles que estejam realmente associados a seus produtos ou aos seus clientes.

Em algumas de suas pesquisas, Mat observou que a temática afeta tanto positiva quanto negativamente os esforços das empresas para proporcionar aos funcionários experiências não profissionais valiosas em seu local de trabalho — por exemplo, festas da empresa, instalações para exercícios físicos, salas de jogos. Ele realizou entrevistas com funcionários de uma empresa de *software* que promovia torneios esportivos — vôlei de areia, futebol *frisbee*, *softball* — todas sexta-feira durante o verão. Descobriu que isso era ótimo para os funcionários que gostavam de esportes, mas a empresa empregava muitos engenheiros de *software*, e houve algumas reclamações dos funcionários que preferiam *games* a esportes.

Em contraste com esse exemplo, Mat também entrevistou funcionários de uma empresa de equipamentos para atividades ao ar livre que incentivava os funcionários a passarem dez por cento da semana de trabalho "na natureza". Os funcionários realmente estavam satisfeitos com essa política, porque muitos deles haviam escolhido trabalhar no setor pelo fato de adorarem recreação ao ar livre. A questão é que você deve garantir que o tema escolhido seja adequado à sua marca e às preferências dos funcionários.

UMA HISTÓRIA QUE SERVE DE ALERTA

Como exemplo final contemporâneo de por que o sequenciamento correto do processo de design de experiências é tão importante, considere o caso do Fyre Festival.[22] Em 2016, os organizadores do evento e um grupo de influenciadores de redes sociais começaram a promovê-lo como um festival musical luxuoso de duas semanas na ilha de Great Exuma, nas Bahamas. O festival foi anunciado como o evento do ano e pacotes de ingressos VIP com preços acima de US$ 100 mil foram disponibilizados. O marketing que antecedeu ao evento pintou um quadro incrível de artistas famosos, pessoas bonitas em acomodações suntuosas na ilha e experiências gastronômicas da mais alta qualidade. Essa era a cobertura. Infelizmente, o bolo era horrível.

Quando os participantes, muitos dos quais haviam pagado milhares de dólares pelo evento, começaram a chegar a Great Exuma, no final de abril de 2017, ficaram surpresos ao encontrar o que parecia mais um campo de refugiados do que um festival de música luxuoso. Aos clientes que haviam recebido a promessa de acomodações suntuosas, foi oferecido o que pareciam ser barracas de emergência. A comida servida consistia em pão, queijo e alface em embalagens de isopor. Além disso, não havia água suficiente nem eletricidade para a maioria dos presentes. O que deveria ter sido um festival de duas semanas foi encerrado após o primeiro dia, deixando retidas em Great Exuma as pessoas que já haviam chegado à ilha, enquanto aquelas que ainda tentavam embarcar ficaram presas nos aeroportos do continente.

Os participantes insatisfeitos que se sentiram enganados foram às redes sociais e desencadearam uma tempestade de reações negativas contra os organizadores do evento. Seu fundador, Billy McFarland, declarou-se culpado de várias acusações de fraude eletrônica, e todo o desastre do Fyre Festival foi transformado em uma série documental da plataforma Hulu.[23] Precipitar-se de imediato para os refinamentos finais pode não apenas arruinar uma experiência, mas também prejudicar significativamente carreiras e marcas.

RESUMO: A CEREJA DO BOLO

Desde o início deste livro, temos afirmado que o design de experiências é uma tarefa complexa. É preciso tempo e esforço concentrado intencional para trabalhar na área; porém, vale a pena. Seus esforços resultarão em experiências que têm muito mais probabilidade de encantar os usuários finais e produzir resultados direcionados. As áreas de refinamento da experiência discutidas neste capítulo lhe proporcionarão maneiras excelentes de enriquecer suas experiências. É claro que há muito mais do que conseguimos abordar aqui. Contudo, esperamos que este capítulo o(a) tenha ajudado a estimular sua criatividade para pensar em aperfeiçoamentos ainda maiores. Pense neles como ferramentas extras no seu *kit*. Você não as utilizará em todos os projetos de design de experiências, mas ao menos estará ciente das opções à sua disposição.

Há muitas etapas e peças a ser consideradas ao criar experiências e, neste capítulo, acrescentamos ainda mais elementos. Lembre-se, porém, de que nem todos os fatores apresentados precisam ser aplicados em todas as experiências. Como começamos o capítulo com uma analogia de confeitaria, façamos outra comparação para encerrar o tema. A maioria das receitas de confeitaria segue um padrão semelhante. Misturam-se os ingredientes úmidos e os ingredientes secos separadamente, depois eles são combinados e, por fim, assa-se o que está sendo preparado. Embora o processo permaneça o mesmo na maioria das receitas, o que diferencia os produtos finais é a combinação única de ingredientes exigida em cada uma delas. Assim, pode-se usar o mesmo processo e acabar com *brownies* em uma ocasião e com biscoitos de chocolate na outra.

Agora, considere os processos de design de experiências apresentados na Parte Dois deste livro. Trata-se do processo básico que recomendamos que você siga ao projetar experiências. O que torna cada experiência única não é o processo; são os ingredientes — que, no caso das experiências, são a combinação única de elementos da *experiencescape* com os fatores técnicos e artísticos discutidos neste capítulo. Assim como os grandes *chefs* não tentarão usar todos os ingredientes à disposição ao preparar um prato, os grandes designers de experiências também escolherão seletivamente a combinação propícia de elementos e fatores para criar a experiência perfeita.

Você está quase chegando ao final do nosso livro — falta apenas um capítulo. Desde o início, enfatizamos que todas as organizações estão no negócio de preparar experiências, quer reconheçam isso ou não, o que significa que o processo deveria ser adotado por todas as empresas. Também acreditamos que o design de experiências pode ser usado para pensar de forma inovadora em outras áreas de negócios, inclusive o desenvolvimento de produtos e a estratégia corporativa. Abordaremos ambas as áreas no próximo capítulo.

CAPÍTULO 10

Aplicando o design de experiências ao desenvolvimento de produtos e à estratégia corporativa

As técnicas que lhe ensinamos nos capítulos anteriores funcionam em qualquer situação de design de experiências. Neste capítulo, examinaremos especificamente o desenvolvimento de produtos e a estratégia corporativa. Acreditamos que o desenvolvimento de produtos focado no uso de um produto em uma experiência é um dos problemas de design mais difíceis. Demonstraremos ainda como o processo de design de experiências descrito aqui pode ser usado para incorporar produtos em jornadas de experiência para o refinamento do processo de desenvolvimento destes. Em nosso exemplo, criaremos uma experiência em torno de uma ferramenta digital para jogadores de golfe chamada Golf Buddy©.

O Golf Buddy é um dispositivo eletrônico com *chip* que usa um GPS para determinar a que distância a bola de golfe se encontra do buraco visado no *green* alvo. Isso ajuda os jogadores a selecionarem o taco correto para a tacada, pois cada um deles atinge a bola a uma distância diferente. Além disso, cada golfista bate no taco de forma um pouco diferente, mas a maioria sabe a distância que a bola pode atingir com cada taco específico. Muitas vezes, a variável desconhecida é a distância que a bola deverá percorrer em determinada situação. Sem algum tipo de dispositivo de auxílio, o golfista precisa estimar a distância. A maioria dos campos tem marcadores coloridos nas distâncias de 100 e

150 pés do *green*. No entanto, raramente sua bola está próxima de um desses marcadores.

Portanto, a distância continua sendo um mistério. Alguns golfistas conseguem se lembrar das distâncias depois de terem jogado em um campo; a maioria não consegue. Os jogadores de golfe profissionais e seus *caddies* examinam os campos antes das competições, e os *caddies* fazem anotações detalhadas sobre distâncias, obstáculos, inclinação e outros fatores relevantes para cada buraco em um campo específico. No entanto, a maioria dos jogadores comuns precisa de ajuda com alguns desses fatores, sobretudo a distância.

O Golf Buddy é um produto simples e de preço acessível que aperfeiçoa a experiência cotidiana do jogador. O dispositivo está disponível em diferentes configurações e conta com uma presilha para prendê-lo ao cinto ou à sacola de golfe, além de uma configuração do tipo relógio de pulso. Quando em uso, o aparelho mostra a distância restante até um buraco específico e oferece um programa alternativo que permite aos jogadores determinarem a distância da tacada que acabaram de dar. Este último recurso os ajuda a fazer uma seleção de tacos mais precisa, o que revela a distância que podem atingir com cada taco. As distâncias informadas são precisas e o dispositivo é de fácil manuseio. Os golfistas podem empregá-lo discretamente durante as partidas, ele funciona em quase todos os campos de golfe dos Estados Unidos e é possível acessar e fazer o download de campos internacionais por meio do site do Golf Buddy.

As principais habilidades no golfe são, obviamente, acertar a tacada na distância correta e na direção certa. O Golf Buddy não substitui nem altera nenhuma dessas habilidades — ainda é necessário que os golfistas as adquiram e exibam. O programa elimina a incerteza sobre a distância da próxima tacada. Portanto, o aplicativo oferece informações importantes que aprimoram a experiência de jogar golfe — e a experiência interativa do jogador com o dispositivo geralmente é positiva.

A JORNADA DA EXPERIÊNCIA COM O GOLF BUDDY

O Golf Buddy acompanha um jogador de golfe durante uma partida. Essa é uma jornada de experiência conhecida, intencional e rotineira. Cada um dos dezoito episódios de uma rodada segue o mesmo cenário. O golfista deve dar a tacada inicial, dar um número variável de tacadas do *fairway* em direção ao *green*, talvez executar um *chip* ou uma tacada de aproximação e, por fim, fazer o *putt*. A intenção, claro, é dar o menor número possível de tacadas para colocar a bola no buraco em cada *tee*. Porém, o jogo está longe de ser monótono. Cada buraco de um campo de golfe e cada campo em si são projetados de forma diferente. Para ser um verdadeiro parceiro, o Golf Buddy precisará ajudar o jogador a dar menos tacadas. Portanto, a intenção do aplicativo é fazer que os jogadores reduzam o número de tacadas que dão durante uma rodada e, assim, melhorem sua pontuação. Para ser comercializável, o programa precisará estar em uma faixa de preço semelhante à de outros acessórios de golfe. A seguir, apresentamos os detalhes da jornada da experiência, seus pontos de contato e transições.

PONTOS DE CONTATO E TRANSIÇÕES DA EXPERIÊNCIA DO GOLF BUDDY

As especificidades de cada ponto de contato em uma jornada de experiência são planejadas e representadas nos gráficos mostrados nas figuras 10.1 a 10.6 (p. 249-254). A seguir, apresentamos nossas ideias sobre como esses designs devem ser planejados, representados graficamente e executados.

Gabarito de ponto de contato nº 1: a macroexperiência de jogar golfe com o Golf Buddy

Nesse ponto de contato, você perceberá que a reação desejada ao usar o produto é: "O Golf Buddy foi fácil de usar e aprimorou meu jogo". Entre os elementos da *experiencescape* nessa experiência estão o golfista (participante), um campo de golfe, o Golf Buddy, bolas, tacos e parceiros de jogo. As duas interações críticas projetadas são a capacidade do golfista de operar facilmente o Golf Buddy e o fornecimento de informações precisas e confiáveis pelo dispositivo. Os colaboradores de bastidores são representados pelos programadores de computador que farão com que o uso do aplicativo seja discreto — embora preciso — e um fabricante que possa produzir um produto confiável e atraente. O objetivo da cocriação é que o golfista que está interagindo com o Golf Buddy jogue uma partida melhor. O principal refinamento técnico desejado é a operação confiável. Os dois principais fatores artísticos incluem um bom design de produto e uma boa exibição gráfica. Portanto, a soma da experiência desejada é um produto que seja confiável, preciso e fácil de usar durante a prática do golfe.

Gabarito de ponto de contato nº 2: conhecendo seu Golf Buddy

A intenção é que este ponto de contato seja uma experiência de atenção plena, pois envolve sobretudo o aprendizado, com a

Figura 10.1. Gabarito de ponto de contato 1

Gabarito de ponto de contato

N: 1 **Título:** Macroexperiência do Golf Buddy (GB) para o desenvolvimento de produto.

Tipo exp. (circule): Pros. (At. pl.) Memo. Signif. Transf.
Que tipo de experiência você quer que este ponto de contato seja?

Reação desejada: O GB foi fácil de usar e aprimorou meu jogo.
O que você quer que seus usuários finais digam ao passar por este ponto de contato?

1. Elementos da *experiencescape*
Quais são os elementos essenciais deste pt. de contato?

Elementos-chave	Especificar
☑ Pessoas	Golfista
☑ Lugar	Campo de golfe
☑ Objetos	GB, tacos, bolas
☐ Regras	–
☑ Relacionamentos	Demais jogadores
☐ Marcações	–

2. Interações planejadas
Como você orquestrará intencionalmente os elementos?

1. Dispositivo fácil de usar.
2. Oferece informações precisas e confiáveis.

3. Resultados desejados
O que deve acontecer com seus usuários finais?

1. O jogador relata que o GB é fácil de usar e discreto.
2. O jogador relata que o GB aprimorou seu jogo.
3. O golfista relata que o GB melhorou sua experiência em campo.

4. Colaboradores
Quem e o que farão isso acontecer?

Frente	Bastidores
• GB	• Programadores • Indústria

5. Cocriação
O que os participantes farão?

Alta – X – Baixa

Detalhes: O golpista deve usar o GB para obter informações precisas que aprimorarão seu jogo.

6. Refinamento
Como você refinará o ponto de contato

Técnico	Artístico
1. Operação confiável	1. Design atraente
2. ______	2. Bom leiaute gráfico
3. ______	3. ______
4. ______	4. ______

7. Transição
Como os usuários finais chegarão ao próximo ponto de contato?

☐ Implícito (sem ação necessária)
☐ Explícito

Resultado: ______
Interação criada: ______

Figura 10.2. Gabarito de ponto de contato 2

Gabarito de ponto de contato

N: 2 **Título:** Conhecendo o seu Golf Buddy

Tipo exp. (circule): Pros. (At. pl.) Memo. Signif. Transf.
Que tipo de experiência você quer que este ponto de contato seja?

Reação desejada: Foi fácil de aprender. Estou ansioso para usar o meu GB.
O que você quer que seus usuários finais digam ao passar por este ponto de contato?

1. Elementos da *experiencescape*
Quais são os elementos essenciais deste pt. de contato?

Elementos-chave	Especificar
☑ Pessoas	Golfista
☑ Lugar	Campo de golfe
☑ Objetos	GB, tacos, bolas
☐ Regras	–
☑ Relacionamentos	Demais jogadores
☐ Marcações	–

2. Interações planejadas
Como você orquestrará intencionalmente os elementos?

1. O jogador lê as instruções.
2. O jogador interage com o GB.
3. O jogador carrega a bateria do GB.

3. Resultados desejados
O que deve acontecer com seus usuários finais?

1. O jogador relata que as instruções são fáceis e claras.
2. O jogador relata que entende como usar o GB e está animado para experimentá-lo.
3. O jogador relata que o carregamento é fácil.

4. Colaboradores
Quem e o que farão isso acontecer?

Frente	Bastidores
• GB	

5. Cocriação
O que os participantes farão?

Alta (X) – Baixa

Detalhes: O jogador aprende a usar o dispositivo de forma autodidata

6. Refinamento
Como você refinará o ponto de contato?

Técnico	Artístico
1. Instruções claras.	1. Bons elementos gráficos.

7. Transição
Como os usuários finais chegarão ao próximo ponto de contato?

☐ Implícito (sem ação necessária)
☐ Explícito

Resultado: ____________
Interação criada: ____________

Figura 10.3. Gabarito de ponto de contato 3

Gabarito de ponto de contato | **N:** 3 | **Título:** Começando a jogar

Tipo exp. (circule): Pros. (At. pl. Memo.) Signif. Transf.
Que tipo de experiência você quer que este ponto de contato seja?

Reação desejada: É fácil. Eu joguei melhor.
O que você quer que seus usuários finais digam ao passar por este ponto de contato?

1. Elementos da *experiencescape*
Quais são os elementos essenciais deste pt. de contato?

Elementos-chave	Especificar
☑ Pessoas	Golfista
☑ Lugar	Campo de golfe
☑ Objetos	GB, tacos, bolas
☐ Regras	–
☑ Relacionamentos	Demais jogadores
☐ Marcações	–

2. Interações planejadas
Como você orquestrará intencionalmente os elementos?

1. O jogador deve ativar o GB. Todo o resto é automático.
2. O jogador é informado de que está no buraco um e da distância até ele.
3. O jogador deve dar sua tacada.

3. Resultados desejados
O que deve acontecer com seus usuários finais?

1. Foi fácil. Estou pronto para jogar.
2. É excelente. Sei qual taco devo usar.
3. Satisfação com a tacada e compra do GB.
4. Algumas tacadas serão memoráveis.

4. Colaboradores
Quem e o que farão isso acontecer?

Frente	Bastidores
	• Programadores

5. Cocriação
O que os participantes farão?

Alta – Baixa (X em Baixa)

Detalhes:
GB: Fácil de usar.
Jogar golfe: alta. Aperfeiçoado graças a informação específica fornecida pelo GB.

6. Refinamento
Como você refinará o ponto de contato?

Técnico	Artístico
1. ______	1. ______
2. ______	2. ______
3. ______	3. ______

7. Transição
Como os usuários finais chegarão ao próximo ponto de contato?

☐ Implícito (sem ação necessária)
☑ Explícito

Resultado: o golfista escolhe continuar com o gabarito 3a ou 4.

Interação criada: essa é uma interação de uma escolha e as opções são explicadas nos gabaritos 3a e 4.

Figura 10.4. Gabarito de ponto de contato 3a

Gabarito de ponto de contato

N: 3a **Título:** Jornada de exp. educacional alternativa Tipo exp. (circule): Pros. (At. pl.) Memo. Signif. Transf.
Que tipo de experiência você quer que este ponto de contato seja?

Reação desejada: Estou aprendendo a medir a distância que atinjo com cada taco.
O que você quer que seus usuários finais digam ao passar por este ponto de contato?

1. Elementos da *experiencescape*
Quais são os elementos essenciais deste pt. de contato?

Elementos-chave	Especificar
☑ Pessoas	Golfista
☑ Lugar	Campo de golfe
☑ Objetos	GB, tacos, bolas
☐ Regras	–
☐ Relacionamentos	–
☐ Marcações	–

2. Interações planejadas
Como você orquestrará intencionalmente os elementos?

1. O jogador deve sinalizar ao GB para rastrear a distância da tacada pressionando o botão no local de início e no local de término.

3. Resultados desejados
O que deve acontecer com seus usuários finais?

1. O jogador passa a conhecer a distância que consegue atingir com cada taco.

4. Colaboradores
Quem e o que farão isso acontecer?

Frente	Bastidores

5. Cocriação
O que os participantes farão?

Alta ✕ — Baixa

Detalhes: Atingir esta aprendizagem exige mais interação.

6. Refinamento
Como você refinará o ponto de contato?

Técnico	Artístico
1. ______	1. ______
2. ______	2. ______
3. ______	3. ______

7. Transição
Como os usuários finais chegarão ao próximo ponto de contato?

☐ Implícito (sem ação necessária)
☑ Explícito: decisão do jogador

Resultado: calcular as distâncias das tacadas.

Interação criada: autoaprendizado. Depois, retomar o gabarito 4. Essa interação pode continuar ao longo de toda a partida.

Figura 10.5. Gabarito de ponto de contato 4

Gabarito de ponto de contato | **N:** 4 | **Título:** Jogo continuado | Tipo exp. (circule): Pros. (At. pl. Memo. Signif.) Transf.

Que tipo de experiência você quer que este ponto de contato seja?

Reação desejada: Isto tem me ajudado muito a melhorar no golfe.

O que você quer que seus usuários finais digam ao passar por este ponto de contato?

1. Elementos da *experiencescape*

Quais são os elementos essenciais deste pt. de contato?

Elementos-chave	Especificar
☑ Pessoas	Golfista
☑ Lugar	Campo de golfe
☑ Objetos	GB, tacos, bolas
☐ Regras	–
☑ Relacionamentos	Demais jogadores
☐ Marcações	–

2. Interações planejadas

Como você orquestrará intencionalmente os elementos?

1. Segunda tacada (próxima tacada): GB exibe distância até o buraco.
2. Melhor seleção de tacos resulta em melhores tacadas e no jogo como um todo.
3. Outros jogadores ficam impressionados e perguntam as distâncias de suas tacadas.

3. Resultados desejados

O que deve acontecer com seus usuários finais?

1. Tacadas bem-sucedidas são melhores – o jogo como um todo é aprimorado.
2. Algumas tacadas memoráveis e, ocasionalmente, significativas.
3. Vínculo de amizade e boa vontade com outros jogadores resultantes do fornecimento de informações úteis aos amigos.

4. Colaboradores

Quem e o que farão isso acontecer?

Frente	Bastidores

5. Cocriação

O que os participantes farão?

Alta **Detalhes:**

Baixa

6. Refinamento

Como você refinará o ponto de contato?

Técnico	Artístico
1.	1.
2.	2.
3.	3.

7. Transição

Como os usuários finais chegarão ao próximo ponto de contato?

☐ Implícito (sem ação necessária)

☑ Explícito

Resultado: fácil, pois isso ocorre automaticamente por meio do GPS à medida que se avança no percurso. Gabarito 4 para 3 + 3a para 4, e assim por diante, em 18 buracos de golfe.

Figura 10.6. Gabarito de ponto de contato 5

Gabarito de ponto de contato | **N:** 5 **Título:** Fim do jogo

Tipo exp. (circule): Pros. At. pl. Memo. Signif. Transf. (circulado: At. pl. Memo. Signif.)
Que tipo de experiência você quer que este ponto de contato seja?

Reação desejada: Golf Buddy é útil e aprimorou meu jogo.
O que você quer que seus usuários finais digam depois de passar por este ponto de contato?

1. Elementos da *experiencescape*
Quais são os elementos essenciais deste pt. de contato?

Elementos-chave	Especificar
☑ Pessoas	Golfista
☐ Lugar	–
☑ Objetos	GB
☐ Regras	–
☑ Relacionamentos	Demais jogadores
☐ Marcações	–

2. Interações planejadas
Como você orquestrará intencionalmente os elementos?

1. O golfista desliga o GB.
2. O golfista conversa com outros jogadores sobre o jogo e talvez sobre a utilidade do GB.

3. Resultados desejados
O que deve acontecer com seus usuários finais?

1. O jogador reconhece que o GB impactou positivamente esta rodada de golfe.
2. O jogador prevê o uso do GB em futuras rodadas.
3. O golfista conversa com outros jogadores sobre a rodada e a utilidade do GB. Dependendo da pontuação do jogador, a rodada pode ser memorável ou significativa.

4. Colaboradores
Quem e o que farão isso acontecer?

Frente | **Bastidores**

5. Cocriação
O que os participantes farão?

Alta **Detalhes:**

Baixa

6. Refinamento
Como você refinará o ponto de contato?

Técnico	**Artístico**
1.	1.
2.	2.
3.	3.

7. Transição
Como os usuários finais chegarão ao próximo ponto de contato?

☑ Implícito (sem ação necessária)
☐ Explícito

Resultado:
Interação criada:

intenção adicional de entusiasmar o golfista a usar o Golf Buddy. As reações desejadas do gabarito do ponto de contato 2 são: "Foi fácil de usar" e "Estou ansioso para usar o Golf Buddy". Os elementos da *experiencescape* são o golfista, o Golf Buddy e as instruções escritas que acompanham o dispositivo.

Três interações precisam ocorrer para que as reações desejadas sejam alcançadas: ler as instruções, interagir com o Golf Buddy por meio delas e carregar a bateria o aparelho. Esse ponto de contato, sem dúvida, tem um alto nível de cocriação, pois o golfista deverá ler instruções para aprender a usar o dispositivo. Um refinamento crítico é a comunicação clara. O folheto de instruções que acompanha o produto é simples de ler, tem apenas uma página e ótimos elementos gráficos. A mensagem subliminar imediata do folheto é que o processo será breve e simples — e de fato é.

Gabarito de ponto de contato nº 3: começando a jogar

Ao chegar ao campo, o golfista deve acionar o Golf Buddy. Para isso, basta ligar um botão e o Golf Buddy anunciará seu progresso à medida que for localizando os satélites e encontrando o campo em que a partida está sendo disputada. Feito isso, o jogador é orientado a se deslocar até o primeiro *tee*. A distância da localização do golfista até o buraco é exibida no Golf Buddy no início do jogo. O golfista então procede como de costume e dá a primeira tacada — a menos que decida implementar o gabarito de ponto de contato 3a, fazendo que o Golf Buddy rastreie a distância da tacada. O Golf Buddy informa o jogo, mas não o interrompe nem o altera. O jogador então se dirige à bola e implementa o gabarito de ponto de contato 3a ou o gabarito de ponto de contato 4.

Gabarito de ponto de contato nº 3a: jornada de experiência alternativa educacional

O gabarito de ponto de contato 3a é um ponto de contato alternativo que ocorre se um jogador de golfe quiser saber a distância de sua tacada. Ao pressionar um botão antes de bater na bola, ele pode configurar o Golf Buddy para informar a distância da tacada. Alguns jogadores gostam de saber a distância ainda no *tee* e usarão esse recurso uma vez a cada buraco. Outros gostam de saber a distância que podem atingir com vários tacos e o utilizarão conforme seu interesse. Quando o golfista aprende a distância que atinge com vários tacos, o uso dessa função diminui.

Gabarito de ponto de contato nº 4: jogo continuado

Quando o jogador chega ao destino da tacada dada, o Golf Buddy exibe imediatamente a distância restante até o buraco. Essas informações são atualizadas automaticamente com o GPS, e o jogador não precisa fazer nada além de ler as informações na tela do visor. Além disso, como as localizações dos buracos nos *greens* mudam sempre, o Golf Buddy exibe três localizações — na frente, no meio e atrás — para aumentar a precisão. O resultado pretendido, com base nas informações fornecidas pelo Golf Buddy, é uma partida aprimorada, que deve gerar experiências mais memoráveis e significativas. Outro ponto positivo é que os parceiros do jogador na vida real gostarão de usar o Golf Buddy para calcular a distância das próprias tacadas.

As transições continuadas, portanto, alternam entre os gabaritos de ponto de contato 3, 3a e 4 ao longo dos dezoito buracos de golfe. Se o jogador não usar o recurso do gabarito de ponto de contato 3a, tudo será automático, e tudo que o jogador deverá fazer é ler as informações na tela do visor para ter certeza de que está acessando a localização atual do buraco. Isso é feito de forma rápida e fácil ao selecionar um taco em determinada sacola de golfe. O uso do Golf Buddy é perfeito e não interfere no fluxo normal de um jogo. O bate-papo entre amigos, a elaboração de estratégias para a tacada, a preparação para ela, sua execução e assim por diante, tudo ocorre normalmente.

A iteração continuada dos gabaritos de ponto de contato 3, 3a e 4 em cada buraco pode parecer repetitiva. Lembre-se, porém, de que cada buraco é diferente. Cada um tem uma distância e um par diferentes, e apresenta vários obstáculos, como água, elevações e declives no terreno. Embora o Golf Buddy funcione sempre da mesma maneira, cada buraco seguinte é uma experiência diferente devido à configuração exclusiva de cada buraco.

Gabarito de ponto de contato nº 5: fim do jogo

Ao terminar uma partida, o golfista deve desligar o Golf Buddy. Se ele se esquecer, o dispositivo desligará sozinho após um período de inatividade. As reações pretendidas nesse momento são a reflexão sobre a utilidade do Golf Buddy durante a partida e a expectativa de usá-lo em rodadas futuras. O fabricante, é claro, espera que a reflexão seja positiva, que o golfista veja o Golf Buddy como um contribuinte positivo para o jogo. Nesse momento, ele volta ao gabarito de ponto de contato 2 para recarregar a unidade.

RESUMO: A EXPERIÊNCIA DO GOLF BUDDY

Usar o Golf Buddy é fácil e discreto. Não se sabe ao certo se ele melhora o jogo de um golfista, mas é possível que sim. Portanto, uma das reações pretendidas pelo aparelho está garantida: é um produto que provavelmente receberá avaliações favoráveis. Parte de sua eficácia é quanto ele se encaixa no fluxo de experiência em uma partida. Esse objetivo é, até certo ponto, alcançado devido ao recurso direcionado que o Golf Buddy foi projetado para oferecer.

O GPS e a tecnologia de *chip* de computador são eficientes, e muitos outros recursos poderiam ter sido incluídos. Por exemplo, estatísticas sobre o desempenho do jogador em determinado buraco e a média de vida do jogador em um buraco específico. A distância média do jogador por taco também poderia ter sido adicionada, todos eles recursos potencialmente interessantes. Porém, os designers optaram por não incorporá-los, pois sabiam como o produto seria usado na experiência de golfe. Os golfistas precisam de um amigo, alguém que se importe com eles e com seu jogo para torná-lo melhor, e não de algo que exija tanta atenção a ponto de desviar o foco do jogo e da interação com os parceiros de golfe na vida real. Portanto, há um ponto ideal para a acessibilidade a ser percebido dependendo do papel que o produto desempenhará no drama da experiência. O produto não é o ator principal, mas um coadjuvante. Não entenda isso da maneira errada. Mais recursos nem sempre equivalem a um produto melhor. Compreender a experiência na qual um produto será usado explicita essas decisões de maneira única.

DESIGN DE EXPERIÊNCIAS E ESTRATÉGIA CORPORATIVA

As empresas estão tomando consciência da importância das experiências. A noção de experiência é cada vez mais encontrada em enunciados como missão, valores e planos estratégicos. Cada vez mais organizações estão nomeando diretores de experiências para garantir a supervisão e a coordenação dos esforços de design e oferta de experiências da organização.[1]

Nesta seção, compartilharemos exemplos de empresas que fizeram da oferta de ótimas experiências um pilar central de seu planejamento estratégico. Os exemplos a seguir representam apenas uma pequena amostra de estratégias corporativas relacionadas à experiência; contudo, esperamos que eles proporcionem percepções valiosas sobre como as corporações estão se concentrando nas experiências.

Restaurantes

A Fox Restaurant Concepts, empresa sediada em Phoenix, tem uma linha crescente de quase cinquenta conceitos exclusivos de restaurantes em 16 estados dos Estados Unidos. Em seu site, a Fox divulga a seguinte crença: "Acreditamos que as melhores histórias são compartilhadas à mesa [...] Criamos espaços que evocam emoções, pois acreditamos que estar à mesa tem tudo que ver com a experiência e com a capacidade de se conectar com as pessoas que importam".[2] Como a empresa proporciona uma excelente experiência gastronômica? O site afirma:

> Desafiamo-nos a encontrar maneiras de tornar nossas melhores ideias ainda melhores. Todos os dias. Entendemos que a única forma de garantir aos nossos convidados a melhor experiência é refiná-la e aperfeiçoá-la constantemente. Por isso, quando criamos um novo conceito em nossa cozinha de testes, mergulhamos em todos os pequenos detalhes — dos uniformes aos cardápios, da comida à música, da iluminação às toalhas de mesa, saleiros e pimenteiros — e retrabalhamos tudo até que os elementos se encaixem perfeitamente.[3]

Esperamos que a leitura desse enunciado tenha feito você pensar sobre os fatores artísticos e os elementos da *experiencescape*. Observe como a empresa trabalha para fazer que os vários aspectos de uma nova experiência se harmonizem.[4] A Fox tem aplicado princípios sólidos de design de experiências para criar um modelo próprio de restaurantes. Agora você tem as ferramentas necessárias para realizar um design focado e intencional em uma grande variedade de empreendimentos. O processo que aprendeu neste livro é facilmente generalizável.

A Brinker International, uma empresa de restaurantes casuais com mais de 1.600 pontos de venda em diversos países, recebe mais de um milhão de clientes por dia nas unidades do Chili's e do Maggiano's, pertencentes à organização. Em seu compromisso de "Fazer que as pessoas se sintam especiais", publicado no site da empresa, a Brinker declara: "Somos movidos pela integridade, pelo trabalho em equipe e pela paixão — além de termos um compromisso inabalável com que cada cliente tenha uma experiência gastronômica excepcional ao visitar nossas marcas".[5] Como a empresa garante isso? No Relatório Anual de 2016, o CEO e presidente da Brinker, Wyman T. Roberts, revelou seu pensamento de executivo sobre as experiências gastronômicas que sua empresa espera oferecer: "Estamos aproveitando a herança da marca Chili's e aumentando o peso na mídia para contar a história dos investimentos em inovação culinária e em uma experiência gastronômica como nenhuma outra".[6]

As inovações na experiência atualmente implementadas na marca Maggiano's Little Italy, da Brinker International, incluem a resposta a duas necessidades específicas da experiência gastronômica desejadas pela clientela: retirada e entrega. Em alguns casos, a Brinker constrói novos restaurantes com uma área menor, pois não há necessidade de oferecer um espaço para refeições no caso de pedidos de retirada e entrega. A empresa também está identificando experiências específicas para cocriar com os clientes, como aulas de culinária, cursos sobre vinhos e eventos no estilo *murder mystery*, em que os participantes tentam resolver um crime fictício.[7] Cada uma dessas estratégias de negócios está focada em experiências específicas do cliente, identificadas como praticáveis e comercializáveis.

Varejo e bens de consumo

Em janeiro de 2018, a Amazon abriu sua primeira loja de supermercado Amazon Go em Seattle[8], que hoje conta com dezenas de filiais nos Estados Unidos e no Reino Unido. Essas lojas são a tentativa da empresa de redesenhar por completo a experiência de supermercado, eliminando as filas na caixa. Graças a câmeras e sensores de prateleira, todos os itens que os clientes colocam nas sacolas são rastreados e registrados. Quando eles terminam de fazer as compras, tudo que precisam fazer é sair e os itens que guardaram são automaticamente cobrados. A estratégia mais ampla da Amazon para desestruturar o setor de supermercados implica a venda *online* de mantimentos e a aquisição da Whole Foods. No entanto, tudo isso aponta para um esforço estratégico para reformular a experiência de compra de mantimentos.

A Hasbro, a maior fabricante de brinquedos do mundo, exibe o seguinte objetivo corporativo em seu site: "A Hasbro é uma empresa global de jogos e entretenimento comprometida em criar as melhores experiências de jogo do mundo".[9] A empresa de brinquedos detém algumas das marcas mais emblemáticas, que você provavelmente já teve o prazer de jogar com amigos e família. Entre elas estão Monopoly©, Scrabble© e Chutes and Ladders©. Esses jogos continuam sendo populares porque têm uma grande *affordance* — ou seja, oferecem oportunidades para uma grande variedade de experiências para diferentes jogadores segundo o contexto criado pelas regras dos vários jogos. Recentemente, a Hasbro decidiu patentear o cheiro da massinha de modelar Play-Doh.[10] Isso também mostra que a empresa compreende o importante papel que os elementos sensoriais desempenham nas experiências, tópico discutido nos capítulos 4 e 9.

Hospitalidade e turismo

Era de esperar que adicionaríamos um exemplo da Disney a esta seção. Em 2017, a empresa anunciou planos para a inauguração de um hotel com o tema da franquia *Guerra nas estrelas* no Walt Disney World. Em 2018, divulgou os detalhes do projeto, descrevendo assim o hotel:

> Um *resort* inédito que combinará luxo com imersão total em uma autêntica história de *Guerra nas estrelas.* [...] No hotel, os hóspedes se tornam imediatamente cidadãos ativos da galáxia e podem se vestir com os trajes adequados. [...] A oportunidade de imersão nesse *resort* também sobressairá entre todos os parques da Disney em todo o mundo, pois estará perfeitamente conectado ao Star Wars: Galaxy's Edge nos estúdios da Disney em Hollywood, permitindo que os convidados tenham uma experiência completa de *Guerra nas estrelas.*[11]

Tem sido empolgante acompanhar a forma como o público reagiu a essa nova experiência. Lembra-se de como enfatizamos a importância do *storytelling* no design de experiências no capítulo 8? O hotel Star Wars é um exemplo ousado de como aproveitar o poder de uma história conhecida para planejar experiências imersivas e cocriadas.

A empresa de cruzeiros marítimos Holland America Line enfatiza a centralidade das experiências em sua missão: "Por meio da excelência, criamos experiências únicas na vida, todas as vezes".[12] Os cruzeiros são um compromisso caro e relativamente longo. Para muitos, é uma experiência única. Embora os cruzeiros da Holland ofereçam diversos itinerários, eles incluem uma série de programas e serviços temáticos que proporcionam uniformidade a cada viagem. Entre os exemplos estão uma experiência temática gastronômica inspirada no restaurante Le Cirque e um centro de artes culinárias em cada navio, além de outros programas que tornam cada viagem da Holland America Line similar. Por meio desses programas regulares, desenvolve-se e mantém-se uma marca corporativa.

Construção de casas

A Lennar, uma das principais construtoras residenciais dos Estados Unidos, vem atuando no setor desde 1954. A empresa constrói em 19 estados americanos e em quarenta mercados. A casa própria é o item mais caro que a maioria das pessoas compra na vida. A construção e a compra de uma casa são tarefas bastante complicadas, que depende de arquitetos, engenheiros, empreiteiros, construtores, agentes financeiros, agentes de seguros e assim por diante. Em seu site "My Lennar", a empresa fornece uma ferramenta *online* "para iniciar uma experiência simplificada de aquisição de residências".[13] A companhia oferece acesso à tecnologia interativa de fornecedores e vendedores *online* de tudo aquilo que é necessário para escolher, construir e comprar uma casa.

Tecnologia

Depois de concluir seu MBA, em 2012, Ben Rabner começou a trabalhar em tempo integral para a Adobe como estrategista de conteúdo e internet para a Adobe Experience Cloud. Ao observar a eficácia — ou a falta dela — das técnicas tradicionais de geração de *leads*, como coquetéis e jantares para executivos, ele começou a perceber uma oportunidade de redesenhar a forma como a Adobe construía relacionamentos com potenciais clientes. Devido à sua experiência com ciclismo profissional e ao crescente interesse dos executivos corporativos pelo esporte, Rabner teve a ideia de encenar passeios de estrada com curadoria para executivos que estivessem participando de grandes conferências internacionais de tecnologia.

Ben Rabner via esses passeios com curadoria como uma oportunidade para a Adobe oferecer aos executivos corporativos uma chance de fazer algo que eles adoram enquanto viajam e, além disso, atingir os objetivos de negócios. Até sua nomeação, em 2015, para o cargo de chefe de marketing experimental da Adobe, essa percepção empática o havia levado a criar alguns passeios por ano como projeto paralelo, enquanto gerenciava a equipe de conteúdo. O sucesso de seus esforços foi em grande parte impulsionado pela medição do efeito da iniciativa nos negócios e pela incrível resposta dos executivos em relação aos passeios ciclísticos e como eles ajudaram a Adobe a construir relacionamentos que, em última instância, influenciaram a receita e a clientela. A Adobe continua a expandir essas experiências — que hoje incluem caminhadas, artes culinárias e fotografia para executivos. A tendência de usar o ciclismo e outras experiências recreativas para construir relações corporativas está sendo rapidamente adotada em vários setores em todo o mundo.[14]

RESUMO: A ECONOMIA DA EXPERIÊNCIA REQUER DESIGN DE EXPERIÊNCIAS

Percorremos uma longa jornada pelo design de experiências. Neste capítulo, demonstramos como os conceitos e as técnicas de design de experiências podem ser usados para desenvolver um produto, contextualizando-o na experiência que ele promoverá. Prever o uso de um produto em uma experiência e, em seguida, desenvolver o produto tendo esse uso em mente é um dos problemas mais complicados do design de experiências. Usar as realidades e interações de uma experiência real como um dos critérios do design parece intimidador. Mas, na verdade, o foco constante no uso como critério de um problema de design, em geral, permite soluções perspicazes que, de outra forma, seriam inacessíveis. Esperamos que esta demonstração o(a) ajude a se tornar um designer de experiências melhor.

Empresas de todos os setores estão prestando mais atenção ao tema. Executivos-chefes de experiências estão sendo contratados para garantir a oferta de boas experiências de forma consistente em suas organizações. A experiência e seus resultados aparecem como iniciativas estratégicas e também como resultados específicos nos planos corporativos. Sim, a experiência é importante para os participantes, e muitas empresas estão concentrando seus esforços estratégicos em fornecer não apenas produtos e serviços, mas também experiências excepcionais. Obviamente, as empresas que as proporcionam prosperam e as que não o fazem desaparecem.

REFLEXÕES FINAIS

Obrigado por embarcar nesta jornada conosco. Escrevemos este livro para apresentar-lhe abordagens e ferramentas que permitam realizar o design de experiências de forma mais eficaz e sistemática. Esperamos ter atingido esse objetivo. Ler sobre design de experiências e engajar-se nele são duas coisas diferentes. Talvez você já esteja ativamente envolvido com a prática, ou pode ser que este livro seja sua primeira exposição ao tema. De qualquer forma, nós o(a) encorajamos a utilizar as ferramentas que discutimos ao criar experiências.

Como ambos somos educadores, não podemos deixar de lhe passar um dever de casa ao terminar o livro. Considere-o como seu projeto de desenvolvimento profissional de design de experiências pessoal — um tipo de autocertificação em design de experiências. Veja a seguir o que gostaríamos que você fizesse:

1. Escolha uma experiência, seja ela pessoal ou profissional, que deseja criar ou reformular.
2. Identifique alguns usuários finais reais ou potenciais — pode até ser você o usuário final, dependendo do tipo de experiência que está projetando — e converse com eles, observe-os e desenvolva empatia. Procure entender a experiência que está criando ou reformulando do ponto de vista deles e crie sua(s) *persona(s)*.

3. Com base no que você descobriu, siga as etapas descritas no capítulo 5 para desenvolver um enunciado de ponto de vista (POV) e, em seguida, comece a idear.
4. Usando as diretrizes do capítulo seis, crie um protótipo de mapa de experiências com base nos resultados de sua ideação. Considere a possibilidade de moldar seu mapa de experiências com uma narrativa subjacente ou uma jornada do herói, conforme discutido no capítulo 8.
5. Depois de concluir o mapa de experiências, certifique-se de testá-lo em um usuário final. Faça que a pessoa vivencie (ou seja, visualize) seu protótipo e lhe forneça *feedback*. Revise seu mapa de experiências com base no retorno recebido. Continue revisando-o e testando-o conforme a necessidade.
6. Depois de ter o mapa de experiências suficientemente aperfeiçoado, aplique o gabarito de ponto de contato apresentado no capítulo 7 para criar cada ponto da experiência mapeada.
7. O resultado desses esforços será um mapa de experiências e uma compilação de gabaritos de pontos de contato que servirão como planos para a preparação da experiência.

Depois de concluir esse processo, aplique-o novamente em outra experiência. Com o tempo, o processo se tornará cada vez menos uma abordagem passo a passo e passará a ser uma filosofia arraigada em um protocolo operacional para o design de experiências. Embora recomendemos que, ao criar experiências pela primeira vez, você siga as etapas descritas exatamente como mostradas, tenha em mente que, à medida que sua experiência se desenvolver, será necessário ajustar e integrar essas abordagens e ferramentas para melhor se adequar ao seu estilo e às oportunidades de design de experiências que encontrar.

O processo de criar e encenar experiências pode ser extremamente enriquecedor. Ver uma experiência progredir de um conceito mental para um encontro tangível para o usuário final é gratificante. O design de experiências também exige coragem, pois, quando você entrega a experiência que projetou aos usuários finais, pode ter criado algo que nunca existiu e nunca saberá ao certo como eles reagirão. Será que vão gostar? Será que desejarão experimentá-la novamente? Esses pensamentos devem ter passado pela cabeça de Walt Disney no dia da inauguração da Disneylândia. Quando o design de experiências funciona, é emocionante. Sharon Baird, uma das primeiras integrantes dos Mouseketeers (participantes do Clube do Mickey), lembra-se com carinho do significado emocional que aquele momento teve para Walt:

> No dia da inauguração da Disneylândia, nós [Mouseketeers] estávamos no apartamento de Walt Disney, localizado acima do batalhão de bombeiros da Main Street, quando os portões do parque se abriram pela primeira vez. Eu estava ao lado dele à janela, observando os convidados atravessando os portões. Quando olhei para ele, estava com as mãos atrás das costas e um sorriso de orelha a orelha; pude ver um nó na garganta e uma lágrima escorrendo pelo seu rosto. Ele havia realizado seu sonho.[1]

Embora você provavelmente não projete e construa o parque temático mais icônico do mundo, terá uma sensação de satisfação semelhante ao proporcionar experiências bem projetadas a pessoas que as valorizam tanto que se lembram delas e de seu impacto. Foi por esse motivo, mais do que qualquer outro, que escrevemos este livro. Queremos que você tenha sucesso na criação de experiências. As informações e ferramentas incluídas neste livro lhe darão confiança. Por fim, queremos que sinta a satisfação de ver outras pessoas serem afetadas positivamente pelas experiências que você projetou para elas. Boa sorte!

NOTAS

1. Explorando a experiência e o design de experiências

1. Nice Satmetrix. "U.S. consumer 2018 net promoter benchmarks at a glance", Nice Satmetrix, 2018. Disponível em: http://info.nice.com/rs/338-EJP-431/images/NICE-Satmetrix-infographic-2018-b2c-nps-benchmarks-050418.pdf.

2. Reichheld, Frederick. "The one number you need to grow", *Harvard Business Review*, dezembro de 2003. Disponível em: https://hbr.org/2003/12/the-one-number-you-need-to-grow.

3. A escala do NPS vai de 1 a 10. No entanto, ao calcular uma pontuação final, os valores brutos são transformados em porcentagens, resultando em números finais de dois dígitos. A NPS é amplamente utilizada em várias organizações para obter uma leitura da fidelidade de clientes e colaboradores à marca. No entanto, alertamos o(a) leitor(a) para o fato de que se trata de um dispositivo de direcionamento da atenção, e não de um diagnóstico. Uma pontuação baixa para o seu setor informa que algo não está indo bem; porém, uma análise extra é necessária para descobrir o que está errado. Para mais informações sobre o uso da NPS, recomendamos o livro de Frederick Reichheld e Rob Markey, *The ultimate question 2.0*. Boston: Harvard Business Review Press, 2011.

4. Pine II, B. Joseph; Gilmore, James H. *The experience economy: work is theatre and every business a stage*. Boston: Harvard Business School Press, 1999.

5. Pine II, B. Joseph; Gilmore, James H. *The experience economy*. Ed. atualizada. Boston: Harvard Business Review Press, 2011.

6. Shirky, Clay. *Cognitive surplus: creativity and generosity in a connected age*. Nova York: Penguin, 2010, p. 21.

7. Ellis, Gary, palestra principal, Experience Industry Management Conference [Conferência de gerenciamento do setor de experiência], Universidade Brigham Young, Provo, Utah, 21 e 22 de março de 2013.

8. Ratner, Paul. "Want happiness? Buy experiences, not things, says a Cornell psychologist", *Big Think*, 22 de julho de 2016. Disponível em: http://bigthink.com/paul-ratner/want-happiness-buy-experiences-not-more-stuff; Dunn, Elizabeth; Norton, Michael. *Happy money: the science of happier spending*. Nova York: Simon & Schuster, 2014.

9. Qualman, Erik. *Socialnomics: how social media transforms the way we live and do business*. 2. ed. Hoboken: Wiley, 2012; Scott, David Meerman, *The new rules of marketing and PR*. Hoboken: Wiley, 2017, p. 65.

10. Laya, Patricia. "Nightmare: 7 customer service blunders that went viral", *Business Insider*, 17 de junho de 2011. Disponível em: http://www.businessinsider.com/7-very-public-lessons-in-customer-service-2011-6. Acesso em: 14 abr. 2025.

11. Bersin, Josh *et al.* "Rewriting the rules for the digital age. 2017 Global Human Capital Trends", *Deloitte Insights*, v. 7, 28 de fevereiro de 2017. Disponível em: https://www2.deloitte.com/us/en/insights/focus/human-capital-trends/2017/improving-the-employee-experience-culture-engagement.html.

12. Duerden, Mat D.; Ward, Peter J.; Freeman, Patti A. "Conceptualizing structured experiences: seeking interdisciplinary integration", *Journal of Leisure Research*, v. 47, n. 5, 2015, p. 601.
13. *Ibidem*.
14. Solis, Brian. *X: the experience when business meets design*. Hoboken: Wiley, 2015, p. 132.
15. Merton, Robert K. "Resistance to the systematic study of multiple discoveries in science", *European Journal of Sociology*, v. 4, n. 2, 1963, p. 237.
16. Pine II, B. Joseph; Gilmore, James. "The roles of the chief experience officer", *AMA Quarterly*, p. 5-10, dez.-mar., 2017-2018.
17. Benz, Peter. *Experience design: concepts and case studies*. Londres: Bloomsbury, 2014, p. ix.
18. Nelson, Harold G.; Stolterman, Erik. *The design way: intentional change in an unpredictable world*, 2. ed. Cambridge: Mit Press, 2012, p. 12.

2. O que define uma grande experiência?

1. Alter, Adam. *Irresistible: the rise of addictive technology and the business of keeping us hooked*. Nova York: Penguin, 2018.
2. Ellis, Michael J. *Why people play*. Upper Saddle River: Prentice Hall, 1973.
3. Brown, Stuart L. *Play: how it shapes the brain, opens the imagination, and invigorates the soul*. Nova York: Avery, 2009.
4. Schwartz, Barry. *The paradox of choice: why more is less*. Nova York: HarperCollins, 2004.
5. Csikszentmihalyi, Mihaly. *Flow: the psychology of optimal experience*. Nova York: HarperCollins, 2008.
6. O trabalho de Csikszentmihalyi sobre *flow*, ou fluxo, e os conceitos relacionados estão diretamente ligados à forma como a experiência é operacionalizada. O material aqui citado deriva de sua obra, mas não é uma citação direta.
7. The Y (YMCA). "Our focus", *The Y*, https://www.ymca.net/our-focus.
8. Seligman, Martin E. P. *Authentic happiness: using the new positive psychology to realize your potential for lasting fulfillment*. Nova York: Simon & Schuster, 2004.
9. Dolan, Paul. *Happiness by design*. Nova York: Penguin Random House, 2014, p. 10.
10. Seligman, *Authentic happiness*, p. 42.
11. Dolan, *Happiness by design*, p. 35.
12. Heath, Chip; Heath, Dan. *The power of moments: why certain experiences have extraordinary impact*. Nova York: Simon & Schuster, 2017.
13. Seligman Martin E. P. *Flourish: a visionary new understanding of happiness and well-being*. Nova York: Simon & Schuster, 2012, p. 16-20.
14. Seligman, *Flourish*, p. 16.
15. *Ibidem*, p. 17.
16. *Ibidem*, p. 17.
17. Wrzesniewski, Amy *et al.* "Jobs, careers, and callings: people's relations to their work", *Journal of Research in Personality*, v. 31, n. 1, p. 21-33, 1997.
18. Ryan, Richard M.; Deci, Edward L. "Self-determination theory and the facilitation of intrinsic motivation, social development, and well-being", *American Psychologist*, v. 55, n. 1, 2000, p. 68.
19. Deci, Edward L.; Ryan, Richard M. (orgs.). *Handbook of self-determination research*. Rochester: University of Rochester Press, 2002.
20. Kahneman, Daniel. *Thinking, fast and slow*. Londres: MacMillan, 2011, p. 20-21.
21. Heath e Heath, *The power of moments*, p. 11.
22. Atkinson, Richard C.; Shiffrin Richard M. "Human memory: a proposed system and its control processes". *In*: Spence, Kenneth W.; Spence, Janet Taylor (orgs.). *The psychology of learning and motivation*. Nova York: Academic Press, 1968, p. 89. v. 2.
23. Ouellette, Jennifer. "As time goes by: scientists found brain's internal clock that influences how we perceive time", *ARS Technica*, v. 2, 31 de agosto de 2018, https://arstechnica.com/science/2018/08/scientists-found-brains-internal-clock-that-influences-how-we-perceive-time/.
24. Nilsen, Rita Elmkvist. "How your brain experiences time", *Gemini Research News*, v. 1, 29 de agosto de 2018, 1, https://geminiresearchnews.com/2018/08/how-your-brain-experiences-time.

25. Tsao, Albert *et al.* "Integrating time from experience in the lateral entorhinal cortex", *Nature*, v. 561, p. 57-62, setembro de 2018.
26. Nilsen, "How your brain experiences time", p. 2.
27. *Ibidem*, p. 2.
28. *Ibidem*, p. 4.
29. Pine II e Gilmore, *The experience economy* [1999].
30. Pine II e Gilmore, *The experience economy* [2011.
31. Solis, Brian, *X: the experience when business meets design*. Hoboken: Wiley, 2015, p. 10.
32. Pine II e Gilmore, *The experience economy*, p. 2.
33. Schwartz, Barry. *The paradox of choice: why more is less*. Nova York: HarperCollins, 2004.
34. Pine II e Gilmore, *The experience economy* [2011], p. 108-17.
35. *Ibidem*, p. 101-18.
36. *Ibidem*, p. 29.
37. *Ibidem*, p. 30.
38. Bersin, Josh *et al.* "Rewriting the rules for the digital age", *Deloitte Insights, 2017 Global human capital trends*, v. 57, 28 de fevereiro de 2017, https://www2.deloitte.com/insights/us/en/focus/human-capital-trends/2017/improving-the-employee-experience-culture-engagement.html.
39. *Business dictionary*, verbete "production", link indisponível.
40. Kelly, John R. *Leisure business strategies: what they don't teach you in business school*. Urbana: Sagamore, 2013, p. 109.

3. Estrutura dos tipos de experiência

1. Kastrup, Bernardo; Stapp, Henry P.; Kafatos, Menas C. "Coming to grips with the implications of quantum mechanics", *Scientific American*, v. 3, 29 de maio de 2018, https://blogs.scientificamerican.com/observations/coming-to-grips-with-the-implications-of-quantum-mechanics.
2. *Ibidem*, p. 5.
3. Dewey, John. *Art as experience*. Nova York: Penguin, 2005.
4. *Merriam-Webster*, verbete "prosaic", https://www.merriam-webster.com/dictionary/prosaic.
5. Kahneman, Daniel. *Thinking, fast and slow*. Londres: Macmillan, 2011.
6. *Ibidem*.
7. *Ibidem*.
8. Dewey, *Art as experience*.
9. Kahneman, *Thinking, fast and slow*.
10. Comunicação pessoal com Bob, que recebeu Bill Nye, The Science Guy, quando este foi o palestrante principal da Semana de Ciência e Tecnologia. Illinois State University, Normal, Illinois, 17 de abril de 2001.
11. Para acessar alguns dos melhores vídeos sobre segurança de voo, confira: http://mentalfloss.com/article/67178/11-creative-flight-safety-videos-around-world.
12. Kahneman, Daniel; Riis, Jason. "Living, and thinking about it: two perspectives on life". *In*: Huppert, Felicia A., Baylis, Nick; Keverne, Barry. The science of well-being. Oxford: Oxford University Press, 2005, p. 285-304.
13. Para uma boa abordagem sobre o tema, consulte: Kahneman, Daniel, *Thinking, fast and slow*; e Heath, Chip; Heath, Dan. *The power of moments*. Nova York: Simon & Schuster, 2017.
14. Heath e Heath, *The power of moments*, p. 11.
15. Miller, Martin. "Disney's lost and found: tales of missing children have happy endings at park", *Los Angeles Times*, 12 de junho de 1994, http://articles.latimes.com/1994-06-12/news/mn-3422_1_lost-children.
16. Bitner, Mary Jo; Booms, Bernard H.; Tetreault, Mary Stanfield. "The service encounter: diagnosing favorable and unfavorable incidents", *Journal of Marketing*, v. 54, p. 71-84, 1990.
17. Seligman, Martin E. P. *Authentic happiness: using the new positive psychology to realize your potential for lasting fulfillment*. Nova York: Simon & Schuster, 2004, p. 8.
18. Dickens, Charles. *A Christmas carol*. Londres: Bradberry & Evans, 1858, p. 91.
19. *Ibidem*, p. 91.
20. *Ibidem*, p. 99.

21. Jones, Jenkins L. "Big Rock Candy Mountains", *Deseret News*, Salt Lake City, 12 de junho de 1973, p. A4.
22. Eysenck, Michael W. *Happiness: facts and myths*. Hove: Psychology Press, 1994.
23. Brickman, P., Coates, D. Janoff-Bulman, R. "Lottery winners and accident victims: is happiness relative?", *Journal of Personality and Social Psychology*, v. 36, n. 8, p. 917, 1978.
24. Diller, Steve; Shedroff, Nathan; Rhea, Darrel. *Making meaning: how successful businesses deliver meaningful customer experiences*. São Francisco: New Riders, 2008, p. 3.
25. Blumer, Herbert. *Symbolic interactionism: perspective and method*. Englewood Cliffs: Prentice-Hall, 1969.
26. Rossman, J. Robert; Schlatter, Barbara E. *Recreation programming: designing and staging leisure experiences*. 7. ed. Urbana: Sagamore, 2015, p. 28-30.
27. *Ibidem*, p. 29.
28. Hoje a Harlem Globetrotters oferece diversas experiências desse tipo: https://www.harlemglobetrotters.com/world-tour/premium-experiences/.
29. Florida, Richard. *The rise of the creative class*. Nova York: Basic Books, 2002, p. 166-67.
30. Duerden, Mat D.; Witt, Peter A.; Taniguchi, Stacey. "The impact of postprogram reflection on recreation program results", *Journal of Park and Recreation Administration*, v. 30, n. 1, p. 36-50, 2012.
31. Hochschild, Arlie R. *The managed heart*. Berkeley: University of California Press, 1983, p. 7.
32. *Ibidem*, p. 21.
33. Schwartz, Tony; McCarthy, Catherine. "Manage your energy, not your time", *Harvard Business Review*, v. 85, n. 10, 2007, p. 63.
34. Scott, David M. *The new rules of marketing and PR*. Nova York: Wiley, 2017, p. 49.
35. Seligman, *Authentic happiness*, p. 102.
36. *Ibidem*, p. 103.
37. *Ibidem*, p. 104.
38. *Ibidem*, p. 111.
39. *Ibidem*, p. 112.
40. *Ibidem*.
41. Zhang, Ting. *The personal and interpersonal benefits of rediscovery*. Tese de doutorado, Universidade Harvard, 2015, p. 22.
42. *Ibidem*.
43. *Ibidem*.

4. A *experiencescape*

1. O'Dell, Tom; Billing, Peter (orgs.). *Experiencescapes: tourism, culture, and economy*. Herndon: Copenhagen Business School Press, 2005, p. 16.
2. Esse termo foi usado pela primeira vez por Bob em uma proposta de 1996 para as operações de Moral, Bem-Estar e Recreação da Marinha dos Estados Unidos, em um workshop sobre desescapes (QPD), Quality Program Design.
3. O'Dell e Billing, *Experiencescapes*, p. 16.
4. Rossman e Schlatter, *Recreation programming*, p. 39-58.
5. *Ibidem*, p. 41-52. A origem desses elementos provém de um artigo de Denzin, Norman K., "Play, games, and interaction: the contexts of childhood socialization", *Sociological Quarterly*, v. 16, n. 4, 1975, p. 458. Denzin se baseou na obra coletiva de Erving Goffman, que dedicou sua carreira ao desenvolvimento de uma visão dramatúrgica da sociologia, considerando a construção da sociedade nas interações cotidianas face a face. Alguns dos trabalhos de Goffman que contribuíram para o esforço são: *The presentation of self in everyday life* (Garden City: Anchor, 1956); *Interaction ritual* (Garden City: Anchor, 1967); *Relations in public* (Nova York: Harper & Row, 1971); e *Frame analysis* (Nova York: Harper & Row, 1974).
6. Os trabalhos a seguir analisam esse fenômeno. Evardsson, Bo; Tronvoll, Bård; Gruber, Thorsten. "Expanding understanding of service exchange and value co-creation: a social constructionist approach", *Journal of the Academy of Marketing Science*, v. 39, n. 2, 2011, p. 327; Roth, Wolff-Michael; Jornet, Alfredo. "Towards a theory of experience", *Science Education*, v. 90, 2014, p. 106.

7. Wendt, Thomas. *Design for Dasein: understanding the design of experiences.* Nova York: CreateSpace, 2015, p. 16.
8. *Ibidem.*
9. Tsao, Albert *et al.* "Integrating time from experience in the lateral entorhinal cortex".
10. Roth e Jornet, "Towards a theory of experience", p. 106.
11. Romano, Claude. *L'événement et le monde.* Paris: PUF, 1998, p. 197. Citado em Roth e Jornet, "Towards a theory of experience", p. 106.
12. Roth e Jornet, "Towards a theory of experience", p. 106
13. Simon, Nina. *The participatory museum.* Santa Cruz: Museum 2.0, 2010.
14. *Ibidem*, p. i-ii.
15. Scott, David M. *The new rules of marketing and PR*, 2017, p. 15.
16. *Ibidem*, p. 9.
17. *Ibidem*, s. p.

5. Design *thinking* aplicado ao design de experiências

1. Nelson, Harold G.; Stolterman, Erik. *The design way: intentional change in an unpredictable world.* 2. ed. Cambridge: MIT Press, 2012, p. 12.
2. Coyle, Daniel. *The talent code: greatness isn't born. It's grown. Here's how.* Nova York: Bantam, 2009.
3. Kelley, Tom; Kelley, David. *Creative confidence: unleashing the creative potential within us all.* Nova York: Crown Business, 2013.
4. Ries, Eric. *The lean startup: how today's entrepreneurs use continuous innovation to create radically successful businesses.* Nova York: Crown Business, 2011.
5. Rittel, Horst W. J.; Webber, Melvin M. "Dilemmas in a general theory of planning", *Policy Sciences*, v. 4, n. 2, 1973, p. 155.
6. Para mais informações sobre design *thinking*, consulte: Hasso Plattner Institute of Design at Stanford, "Design Thinking Bootcamp", d.school, https://dschool.stanford.edu/innovate/design-thinking-bootcamp; Ideo, "Design thinking courses", https://www.ideou.com/collections/design-thinking-courses.
7. Hasso Plattner Institute of Design at Stanford, "Design Thinking Bootcamp".
8. *Merriam-Webster*, verbete "empathy", https://www.merriam-webster.com/dictionary/empathy.
9. Duerden, Mat D.; Ward, Peter J.; Freeman, Patti A. "Conceptualizing structured experiences: seeking interdisciplinary integration", *Journal of Leisure Research*, v. 47, n. 5, 2015, p. 601.
10. A lista de elementos compilada por Duerden, Ward e Freeman baseou-se no trabalho dos seguintes pesquisadores: Hirschman, Elizabeth C.; Holbrook, Morris B. "Expanding the ontology and methodology of research on the consumption experience". *In:* Brinberg, David; Lutz, Richard J. (orgs.). *Perspectives on methodology in consumer research.* Nova York: Springer, 1986; Rossman e Schlatter, *Recreation programming.*
11. Christensen, Clayton M. *et al.* "Finding the right job for your product", *MIT Sloan Management Review*, v. 48, n. 3, 2007, p. 38.
12. John Connors em conversa com Mat Duerden, outubro de 2013.
13. Hasso Plattner Institute, "An introduction to design thinking", p. 3.
14. Gray, Dave. "Update to the empathy map", 18 de julho de 2017, *Gamestorming*, http://gamestorming.com/update-to-the-empathy-map.
15. Hasso Plattner Institute of Design at Stanford, "The Bootcamp Bootleg", 21, d.school, https://static1.squarespace.com/static/57c6b79629687fde090a0fdd/t/58890239db29d6cc6c3338f7/1485374014340/METHODCARDS-v3-slim.pdf.
16. *Ibidem.*
17. *Ibidem.*
18. Wendt, *Design for Dasein*, p. 9.
19. *Ibidem*, p. 73.
20. Collias, Karen. "Unpacking design thinking: ideate", 3 de agosto de 2014, *Knowledge Without Borders*, https://knowwithoutborders.org/unpacking-design-thinking-ideate/.
21. Hasso Plattner Institute, "The Bootcamp Bootleg", p. 30.
22. *Ibidem.*
23. Ries, Eric, *The lean startup*, p. 4.

24. Hasso Plattner Institute, "An introduction to design thinking", p. 7.
25. Papert, Seymour; Harel, Idit. *Constructionism*. Norwood: Ablex, 1991.
26. Rossman e Schlatter, *Recreation programming.*

6. O design da jornada da experiência

1. Cohen, Jason. "Holy crap", *Texas Monthly*, outubro de 2013, www.texasmonthly.com/travel/holy-crap.
2. Kinni, Theodore. *Be our guest: perfecting the art of customer service*. Ed. rev. Nova York: Disney Press, 2011, p. 23.
3. *Ibidem.*
4. As fontes a seguir discutem diversos tipos de mapa de experiência: Kalbach, James. *Mapping experiences: a complete guide to creating value through journeys, blueprints, and diagrams*. Sebastopol: O'Reilly Media, 2016; Solis, *X*.
5. Kalbach, *Mapping experiences*, p. 89.
6. *Ibidem*, p. 91.
7. Heath e Heath, *The power of moments.*
8. Solis, *When business meets design.*
9. Connors, John *et al.* "Creating lasting customer relationships: lessons learned from the Color Run". *Workshop* na National Recreation and Parks Association Conference, Las Vegas, 2015.
10. *Ibidem.*
11. Long, Heather. "Disney World secrets", *Love to Know*, link indisponível.
12. PINE II, B. Joseph and James H. Gilmore. *The Experience Economy*. Ed. atualizada. Boston: Harvard Business Review Press, 2011.

7. Pontos de contato e transições

1. Rossman e Schlatter. *Recreation programming*, p. 217-26.
2. Covey, Stephen R. *The 8th habit*. Nova York: Free Press, 2004, p. 152.
3. *Business Dictionary*, verbete "co-creation", link indisponível.
4. Prahalad, Coimbatore K.; Ramaswamy, Venkat. "Co-creation experiences: the next practice in value creation". *Journal of Interactive Marketing*, v. 18, n. 3, 2004, p. 6.
5. *Ibidem*, p. 9.
6. Shirky, Clay. *Cognitive surplus: creativity and generosity in a connected age*. Nova York: Penguin, 2010, p. 58.
7. Os leitores mais jovens talvez não conheçam *Cheers* ou seu impacto. Foi uma das *sitcoms* de maior sucesso da TV, exibida de 30 de setembro de 1982 a 20 de maio de 1993, com um total de 275 episódios de meia hora distribuídos em onze temporadas. Norm, Cliff e Frasier eram clientes do bar que agregavam valor ao *Cheers*, o bar onde "todo mundo sabe seu nome". A série era tão popular que ainda é possível ir a um bar *Cheers* em Boston, em homenagem a ela. Saiba mais em: https://pt.wikipedia.org/wiki/Cheers.
8. Se um dia estiver em Buenos Aires, você também pode participar entrando em contato com a sra. Soued pelo seguinte endereço de e-mail: normasoued@gmail.com. Fotos das aulas podem ser vistas em: http://argentinecookingclasses.com.
9. CBS News, "Falconry and fire-swallowing: how Airbnb's 'experiences' are transforming the platform", *CBS News*, 29 de agosto de 2018, https://www.cbsnews.com/news/airbnb-experiences-provide-boost-for-platform.
10. Lacanienta, Andrew; Duerden, Mat. "Designing and staging high quality park and recreation experiences using co-creation", *Journal of Park and Recreation Administration*, v. 37, n. 2, 2019, https://doi.org/10.18666/JPRA-2019-8818.
11. Pine e Gilmore denominam esse conceito "sacrifício do cliente". Pine II e Gilmore, *The experience economy* [2011].

8. As histórias que contamos: incorporando drama às suas experiências

1. Dickens, Charles. *A tale of two cities*. Londres: Nisbet, 1902, p. 3.

2. Tolkien, J. R. R. *The hobbit*. Nova York: Houghton Mifflin Harcourt, 2001, p. 1.
3. *Guerra nas estrelas, episódio 4: uma nova esperança*, dirigido por George Lucas. Los Angeles: 20th Century Fox, 1977.
4. Prahalad e Ramaswamy, "Co-creation experiences: the next practice in value creation", p. 5.
5. Smith, Emily Esfahani. *The power of meaning: creating a life that matters*. Nova York: Crown, 2017, p. 41.
6. Smith, *The power of meaning*, p. 104.
7. Solis, *X*.
8. Leonard, Devin; Palmeri, Christopher. "Disney's intergalactic theme park quest to beat Harry Potter", *Bloomberg Businessweek*, 19 de abril de 2017, https://www.bloomberg.com/news/features/2017-04-19/disney-s-intergalactic-theme-park-quest-to-beat-harry-potter.
9. *Ibidem*.
10. *Ibidem*.
11. Freytag, Gustav. *Freytag's technique of the drama: an exposition of dramatic composition and art*. Chicago: S. C. Griggs, 1895.
12. Campbell, Joseph. *The hero with a thousand faces*. 3. ed. Novato: New World Library, 2008.
13. Vogler, Christopher "A practical guide to Joseph Campbell's The hero with a thousand faces", *Thinking Differently*, https://www.thinking-differently.com/creativity/wp-content/uploads/2014/01/The-Heros-Journey.pdf.
14. Ferrari, Alex, "The power of myth: creating Star Wars' mythos with Joseph Campbell", *Indie Film Hustle*, 7 de dezembro de 2017, 3, https://indiefilmhustle.com/the-power-of-myth-star-wars-joseph-campbell/.
15. Google Search Stories, "Parisian love", https://www.youtube.com/watch?v=nnsSUqgkDwU.
16. Para uma excelente abordagem sobre o tema, consulte o capítulo 3 de Pine II e Gilmore, *The experience economy* [2011].
17. Para obter *insights* excelentes sobre o poder das restrições para estimular a criatividade, recomendamos a leitura de Kelly e Kelly, *Creative confidence*, p. 126-29.
18. Polynesian Cultural Center, https://www.polynesia.com.
19. Hukilau Marketplace, "About us", https://hukilaumarketplace.com/about-us/.
20. Lee, Mike, comunicação pessoal com Mat. Mike Lee faz parte do conselho consultivo do Departamento de Design e Gerenciamento de Experiências da Marriott School of Business da Brigham Young University, Provo, Utah, onde Mat leciona.
21. Kreposhina, Anastasia (gerente de projeto, Ikea Centres Rússia), comunicação pessoal com Mat, 9 de novembro de 2016.
22. Lukas, Scott. *The immersive worlds handbook: designing theme parks and consumer spaces*. Nova York: Focal Press, 2013.

9. Técnicas para o refinamento de experiências

1. Carroll, Christopher *et al.* "A conceptual framework for implementation fidelity", *Implementation Science*, v. 2, n. 1, 2007, p. 40.
2. Pine e Gilmore, *The experience economy* [2011].
3. Para obter mais informações sobre o trabalho dessas pessoas, consulte Parasuraman, Anantharanthan; Zeithaml, Valarie A.; Berry, Leonard L. "Servqual: a multiple-item scale for measuring consumer perceptions", *Journal of Retailing*, v. 64, n. 1, 1988, p. 12; e, dos mesmos autores, "Refinement and reassessment of the Servqual Scale", *Journal of Retailing*, v. 67, n. 4, 1991, p. 420.
4. Ellis, Gary D.; Rossman, J. Robert. "Creating value for participants through experience staging: parks, recreation, and tourism in the experience industry", *Journal of Park and Recreation Administration*, v. 26, n. 4, 2008, p. 1.
5. *Ibidem*, p. 10.
6. *Merriam-Webster*, verbete "service", https://www.merriam-webster.com/dictionary/service.
7. Parasuraman, Zeithaml e Berry, "Servqual", p. 12.
8. Victor, Daniel; Stevens, Matt. "United Airlines passenger is dragged from an overbooked flight", *New York Times*, 19 de abril de 2017, https://www.nytimes. com/2017/04/10/business/united-flight-passenger-dragged.html?_r=0.

9. Bitner, Mary Jo; Booms, Bernard H.; Stanfield Tetreault, Mary. "The service encounter: diagnosing favorable and unfavorable incidents", *Journal of Marketing*, v. 54, 1990, p. 71-84.
10. King, Seth; Williams, Sam; Graham, Callan. "Lessons learned designing Questiva", discurso principal, Experience Design Quest, Brigham Young University, Provo, Utah, 14 de abril de 2018.
11. Pine e Gilmore, *The experience economy* [2011].
12. *Ibidem.*
13. Scott, *The new rules of marketing and PR*, p. 49.
14. Pine II, B. Joseph. *Mass customization: the new frontier in business competition.* Boston: Harvard Business School Press, 1993.
15. Schwartz, *The paradox of choice.*
16. Kelley e Kelley, *Creative confidence.*
17. Parasuraman, Berry e Zeithaml, "Refinement and reassessment of the Servqual scale".
18. Heath e Heath, *The power of moments.*
19. *Ibidem.*
20. Pine II e Gilmore, *The experience economy* [2011].
21. Agradecemos a um parecerista anônimo que, evidentemente, frequenta muito mais casamentos do que nós e nos atualizou sobre as práticas matrimoniais atuais.
22. Coscarelli, Joe; Ryzik, Melena. "Fyre Festival, a luxury music weekend, crumbles in the Bahamas", *The New York Times*, 28 de abril de 2017, https://www.nytimes.com/2017/04/28/arts/music/fyre-festival-ja-rule-bahamas.html.
23. Para mais informações sobre o desastre do Fyre Festival, veja: Randles, Jonathan, "Fyre Festival placed in bankruptcy after lending pressure", *Wall Street Journal*, 30 de agosto de 2017, https://www.wsj.com/articles/fyre-festival-placed-in-bankruptcy-after-lender-pressure-1504130632; Wang, Amy B. "Founder of disastrous Fyre Festival arrested, charged with fraud". *Washington Post*, 1 de julho de 2017, https://www.washingtonpost.com/news/arts-and-entertainment/wp/2017/07/01/founder-of-disastrous-fyre-festival-arrested-and-charged-with-fraud/; Plaugic, Lizzie, "Ja Rule's catastrophic Fyre Festival gets a documentary series on Hulu". *The Verge*, 16 de abril de 2018, https://www.theverge.com/2018/4/16/17243802/hulu-fyre-festival-documentary-series-ja-rule-billy-mcfarland.

10. Aplicando o design de experiências ao desenvolvimento de produtos e à estratégia corporativa

1. Pine II, B. Joseph; Gilmore, James. "The roles of the chief experience officer", *AMA Quarterly*, inverno de 2017-2018, p. 5-10.
2. Fox Restaurant Concepts, "About us", link indisponível.
3. *Ibidem.*
4. Pine II e Gilmore, *The experience economy* [2011].
5. Brinker International, "About us", *Brinker International*, https://www.brinker.com/.
6. Roberts, Wayman T. "2016 annual report", *Brinker International*, https://www.proxydocs.com/edocs/request?b=EAT&paction=doc&action=showdoc&docid=1053778&se=1053778l.
7. Roberts, "2016 Annual Report".
8. Weise, Elizabeth. "Amazon's checkout-free Amazon Go stores coming to San Francisco and Chicago", *USA Today*, 14 de maio de 2018, https://www.usatoday.com/story/tech/talking-tech/2018/05/14/checkout-free-amazon-go-stores-coming-san-francisco-chicago/609794002/.
9. Hasbro, "Corporate", *Hasbro*, https://hasbro.gcs-web.com/corporate.
10. Quito, Anne. "Why Hasbro trademarked Play-Doh's scent". *Quartz*, 28 de maio de 2018, https://qz.com/1290460/why-hasbro-trademarked-play-dohs-scent.
11. Fickley-Baker, Jennifer. "Star Wars: inspired resort planned for Walt Disney World Resort promises tobe 'Unlike anything that exists today'". *Disney Parks Blog*, 11 de fevereiro de 2018, https://www.mickeynews.com/wdwnews/star-wars-inspired-resort-planned-for-walt-disney-world-resort-promises-to-be-unlike-anything-that-exists-today/.
12. Holland America Line. "About us". *Holland America*, https://www.hollandamerica.com/en_US/our-company/mission-values.html.
13. Lennar. "Simplicity". *Lennar*, https://www.lennar.com/ei/simplicity, link indisponível.
14. Frieswick, Kris. "Deals on wheels: why groupbike rides are the new boardroom", *The Wall Street Journal*, 20 de junho de 2018, https://www.wsj.com/articles/deals-on-wheels-why-group-bike-rides-are-the-new-boardroom-1529502300.

Reflexões finais

1. Just Disney. "Walt's private apartment", *Just Disney*, https://www.justdisney.com/features/apartment.html#google_vignette.

Grupo Summus
www.gruposummus.com.br
www.gruposummus.com.br
Acesse, conheça o nosso catálogo e cadastre-se para receber informações sobre os lançamentos.